죽음, 삶의 끝에서 만나는 질문

죽음, 삶의 끝에서 만나는 질문

너무 이른 죽음, 그리고 남겨진 사람들에 대하여

정현채·이현숙 지음

• 읽기 전 미리 보면 좋은 정현채 교수의 죽음학 강의와 인터뷰

동영상 강의

「죽음의 공포를 벗어날 순 없는가?」

「죽음 그 후는 과연 알 수 없는 세계인가?」

「자살하겠다는 동생에게 뭐라고 말해줄 것인가」

인터뷰

"죽음 공부는 삶을 더 뜻있게 살 수 있는 길… 죽음도 계획해야"
(『서울신문』, 2024. 8. 7.)

시작하는 글

　이 책은, 우리 주변에서 끊임없이 들려오는 자살 소식에 안타까움을 느껴 쓰게 되었어요. 우리 존재와 삶과 죽음에 대해 깊이 있게 알면 자신에게 주어진 삶을 버리지 않고 온전히 붙들 수 있게 되리라는 생각이 들어서, 20년 가까이 저희가 탐색하며 이해하게 된 것을 전하려고 해요.

　헨리 데이비드 소로Henry David Thoreau는 『월든』에서 "사람들 대부분은 조용한 절망 속에서 살아간다"고 했는데요. 150년이 지난 지금, 내적 공허함과 삶에서 느끼는 무의미함은 여전하거나 더 심해진 것 같아요.

　죽음은 모든 생명체가 겪는 필연적인 현상인데도 오랫동안 종교나 철학에서만 얘기되었고 과학적인 탐구의 대상이 아니었어요. 20세기 중반이 되어서야 과학자와 의학자 들이 죽음을 전후해서 일어나는 실제 현상을 연구하기 시작했죠. 그런데 연구를 통해 얻은 결론들은 비일상적인 체험을 한 사람들의 고백과 일치했어요. 저마다 다른 방법으로 탐색했는데도 불구하고, 거기서 얻은 정보와 메시지 들이 서로를 교차 검증 해주면서 그것들이 진실임을 확인해줬어요.

저희는 영적 체험을 한 적도 없고, 영매도, 신비주의자도, 마음 수련이 깊은 영성가도 아니지만, 오랜 시간 자료들을 접하다 보니 체험을 직접 했을 때 일어나는 것과 비슷한 삶의 변화를 경험하게 되었어요. 존재의 본질을 조금씩 이해하게 되면서 그전까지 삶에서 느꼈던 의문이나 혼란스러움, 공허감이나 우울감으로부터 점차 벗어나게 되었고, 살아 있는 이 순간을 나 자신으로 온전히 마주한다는 게 어떤 건지를 알아가게 되었어요.

하버드 의대를 졸업한 후 심리학자의 길을 걸었던 윌리엄 제임스 William James는 "인간이 내적 공허함을 넘어서기 위해서는 생물학적으로만 태어나서는 안 되고 반드시 정신적 또는 영적으로 두 번 태어나야 한다"고 말했어요. 같은 얘기를 한 사람이 또 있는데요. 분석심리학의 창시자인 카를 구스타프 융 Carl Gustav Jung도 "모든 사람은 두 번 태어난다. 하나는 육체적 탄생이고, 다른 하나는 영적인 탄생이다. 영적으로 탄생하지 못하면 미완성 상태로 죽음을 맞이한다"고 했죠. 그러면서 "우리는 너무 외적인 삶에만 집중하느라 내면의 삶을 살지 못한다. 죽음은 당신이 가진 것엔 관심이 없고, 어떤 사람이 되었는지만을 본다"고 말했어요.

영적 탄생을 향한 여정의 굽이굽이에서 징검다리가 되어준 소중한 메시지들을 여러분에게 전하고자 해요. 신뢰가 가고 깊이 공감했던 내용들을 추려서 책에 담았어요. 7년 전에 출간한 책 『우리는 왜 죽음을 두려워할 필요 없는가』의 내용과 겹치지 않도록 노력했지만, 의미 있는 내용들은 다시 실었어요.

절망에서 벗어나 자기 삶의 의미를 발견하기 위한 여행에 여러분을 초대합니다.

차례

시작하는 글   5

1장
자살을 생각하는 당신에게   11

2장
죽음과 자살, 의식에 대한 질문들   31

3장
사랑하는 사람 떠나보내기   61

4장
근사체험   75

5장
사후통신   111

6장
삶의 종말체험 125

7장
영매와 함께 한 실험실 연구 139

8장
어린아이들과 관련된 환생 연구 179

마무리하는 글 200

부록 의식 세계를 더 깊이 알고 싶은 분들을 위한 안내
부록 1 '의식의 비국지성 선언' 전문 205
부록 2 의식 탐구의 다양한 방법들 216
부록 3 추천 영화와 다큐멘터리 222

「hug」_acrylic

1장

자살을 생각하는 당신에게

3년 전 한 청년의 메일을 받았어요. 자살하기 위해 주변과 SNS 계정을 정리하고 자살 도구까지 준비했다는 내용이었어요. 마지막이란 심정으로 별 기대 없이 '죽음'이란 키워드로 인터넷을 검색해보다가, 네이버캐스트에서 '죽음, 또 하나의 시작'이란 제목의 칼럼을 발견했고, 죽은 후 같은 문제를 다시 안고 다음 생을 선택한다는 내용을 알게 되면서 자살을 잠시 유보했다고 했어요. 칼럼을 읽고 마음이 가벼워졌다고는 했지만, 자신에 대한 부정적인 생각으로 괴로움은 여전해 보였어요.

 메일을 읽고 마음이 급했어요. 며칠 내로 자살을 시도할지 모른다는 느낌이 들었거든요. 저희의 답장이 도착하기 전에 자살하면 어쩌나, 그러기 전에 한시라도 빨리 메일이 도착해야 할 텐데, 하고 조바심이 났어요. 하지만 자살할 생각을 버릴 만한 근거가 충분히 담겨야 마음을 바꾸게 될 것 같아서 저희 부부가 함께 쓰고 고치다 보니 일곱 시간이 지난 후에야 답장을 보낼 수 있었어요. 그런 다음 그 청년이 저희 메일을 읽었을까 초조해하며 수시로 들어가 답장이 왔는지 확인했어요. 하루쯤 지나, 메일을 잘 읽었고 생각을 돌리려고 한다는 답장이 도착했어요.

'저를 위해 고민해준 시간과 전해준 이야기들로 자살할 생각을 버리게 되었습니다. 깊이 감사드립니다. 죽음에 대해 알아가면 삶을 어떻게 살아가야 하는지 방향을 잡을 수 있을 것 같습니다. 이 생을 마칠 때까지 사랑하고 베풀고 남을 돕는 삶을 살아가겠습니다'는 내용의 답장을 받았을 때 저희가 느낀 안도감과 감사함은 어떤 말로도 다 표현할 수가 없었죠.

네이버캐스트에 열한 개 주제로 칼럼을 올린 지는 10년 가까이 되었어요. 아직도 그 글들을 보는 사람이 있을까 생각했었죠. 그런데 자살을 앞두고 우연히 그 글들을 보게 되었고, 저희와 소통하면서 마음을 바꾸게 되었다니, 그 인연이 참으로 귀하고 고마웠어요.

요즘 너무나 자주 들려오는 자살 소식에 마음이 아프고 무거워요. 젊은 날의 어두웠던 시간이 떠오르기도 하고요. 자살을 생각하는 분들이 부디 그 고비를 넘기기를 바라는 간절한 마음에서, 그 청년한테 보냈던 답장을 조금 다듬어서 옮겨요.

○○ 님께

평소대로 오늘 아침도 눈 뜨자마자 메일함을 확인했어요. 알지 못하는 저를 믿고 진솔한 심정을 드러내줘서 고마웠어요. 동시에 어쩌면 좋을까 고민이 많이 되었어요.

메일에 쓴 자신에 대한 평가와 삶에 대한 비관적인 생각들이 제 젊은 시절과 어쩜 그리도 비슷하던지요. "앞으로 나는 뭘 해도 안 될 거란 자괴감에 빠져 있었습니다. 해결할 수도, 도움받을 곳도 없다는 생각을 갖고 수십 년을 살아왔던 거죠"라고 쓰셨는데, 그때 저도 그랬어요.

저는 소위 명문 고등학교와 명문 대학을 나와 의대 교수로 재직하기도 했지만 40대 후반까지도 자살 생각을 품고 살았답니다. 고등학교 3학년 때는 살 만한 가치가 없다는 생각이 들어 투신자살을 하겠다고 한강으로 가는 버스를 타기도 했어요. 그런데 '자살은 언제라도 할 수 있으니 일단 지금 해야 할 일에 몰두해보고 자살은 조금 뒤로 미루자'고 생각하며 돌아왔어요. 대학에 들어가서는 면도칼로 자해를 했는데, 당시 응급실에 가서 상처를 꿰매는 봉합 치료 받지 않아 지금도 왼쪽 팔목에는 48년 전의 상처가 지렁이 같은 붉은 흉터로 남아 있어요. 전공의 때 수면제를 다량 복용한 적도 있어요. 담당했던 환자가 병세가 악화되어 결국 사망했을 때 내 잘못인 것만 같아서 의사의 길도, 삶도 포기하고 싶었거든요.

그때를 돌아보면 마음 한구석에는 죽지 않고 싶은 마음도 꽤 있었던 것 같아요. 그런데 1970년대에는 심리상담이란 것도 별로 없었고, 남에게 의논한다든가 도움을 받아볼 생각을 하지 못했어요. 제가 자살 충동에 시달리고 있는 건 가족들도 전혀 눈치채지 못했죠. 원래 자신을 표현하는 게 서툴고 기질이 우울한 것으로만 여겼던 것 같아요.

요즘은 정신과 치료나 심리상담을 받을 수 있는 여건이 많이 좋아졌죠. 자살 충동으로 위기를 겪고 있는 사람에게는 정신과 치료와 심리상담을 함께 받아보라고 저는 권해요. 위기의 순간을 넘기는 게 혼자만의 힘으로는 안 될 때가 있거든요. 지금 전문가들의 도움을 받고 있다고 하셨는데, 잘하셨어요.

물론 제 경험으로 볼 때, 근본적인 치유는 삶과 죽음의 실체를 제대로 알게 되어 삶을 대하는 시각이 달라져야 가능해요. 그러니 의식과 마음을 공부해가는 것과 더불어 전문가의 도움도 꾸준히 받으시면 좋겠어요.

제 삶에 근본적인 변화가 온 건 40대 후반에 들어섰을 때였어요. '사람'이 죽으면 어떻게 되는가가 아니라 바로 '내'가 죽으면 어떻게 되는가에 대해 엄청난 불안과 두려움이 닥쳐온 거예요. 20년 넘게 내과 전문의로 일해오면서 심장과 호흡이 멈춘 환자에게 심폐소생술도 하고, 환자의 임종 현장에서 사망선고도 했지만, 죽음을 내 문제로 직면하기 시작한 건 나이 오십을 바라볼 즈음이었던 거죠.

그런데 아무리 둘러봐도 이런 궁금증에 대한 해답을 찾을 수 없었어요. 의대 과정이나 전공의 과정에서 생물학적 죽음에 대해서만 배웠으니 죽음을 다른 측면에서 볼 줄 몰랐고, 죽음 너머에 대해서는 더구나 알 수 없었죠. 종교 교리나 철학 사상이 아니라 죽은 후에 실제로 어떤 일이 일어나는지, 그야말로 '팩트fact'를 알고 싶었어요.

죽음에 대한 공포로 불면증에 시달리던 그때, 아내가 사다 준 엘리자베스 퀴블러 로스Elizabeth Kübler-Ross 박사의 『사후생: 죽음 이후의 삶의 이야기』를 읽게 되었어요. 그 책을 읽고 제 의식에 정말 엄청난 변화가 일어났죠. 제 삶이 『사후생』을 읽기 전과 읽은 후로 나뉜다고 말할 정도로요.

그 전까지는 현대과학에서 가르치는 대로, 저 역시 육체가 소멸하면 존재도 사라진다고 생각했어요. 그런데 존재에 관한 그런 유물론적인 고정관념을 『사후생』이란 책 한 권이 산산조각 내버린 거예요.

"우리가 죽으면 육체만 사라질 뿐 의식체는 소멸하지 않는다."

제가 이 말을 의심하지 않고 받아들일 수 있었던 건, 퀴블러 로스 박사가 정신과 의사로서 어린이 환자들의 죽음의 과정에서 일어나는 근사체험과 삶의 종말체험 같은 영적인 현상을 오랜 기간 객관적으로 관찰하고 얻은 결론이기 때문이에요. 우리가 '과학적'이라고 말하는 연구 과정을 거쳐 나온 결과인 거죠. 그래서 개인의 체험담이나 사상가의 주관적인 주장보다 믿음이 갔어요. 제가 그토록 알고 싶어 한 죽음의 '실체'를 비로소 엿볼 수 있게 된 거죠.

퀴블러 로스 박사는 불치병으로 죽어가는 어린이 환자에게, 고치 모양인데 뒤집으면 아름다운 날개가 달린 나비로 변하는 헝겊 인형을 보여주며 죽음을 두려워할 필요가 없다고 얘기해줬어요. 그는 "인간의 육체는 영원불멸한 자아를 둘러싼 껍질에 불과해서, 죽음은 존재하지 않고 다만 다른 차원으로 이동하는 변화가 일어난다"고 일관되게 얘기했죠.

존재에 대한 새로운 시각을 갖게 되면서, 눈에 보이지 않는 차원을 탐구한 책들을 아내와 함께 그야말로 미친 듯이 찾아 읽어 나갔어요. 그때의 희열과 충만함은 이전엔 단 한 번도 경험해보지 못한 거였죠. 죽음에 대한 공포도, 차살 충동도 더 이상 제게 남아 있지 않았어요. 불면증도 어느새 사라졌죠.

죽음에 대해 생각할수록 비관적이 되거나 자살 충동이 커지는 게 아니냐고 우려하는 사람들이 있는데, 오히려 정반대예요. 제가 산증인이죠. 인간의 죽음 전후로 일어나는 영적인 현상에 대해 알면 알수록, 왜 자살하면 안 되는지 그 이유를 이해하게 되고, 자신에게 주어진 시간의 의미를 깨달아 더욱 밀도 있고 충만하게 살아가게 되거든요.

'내 목숨 내 마음대로 하겠다는데, 웬 참견이냐?'고 할지 모르지만, 실상을 알고 나면 그런 말을 하기가 어려워져요. 우리는 모두 서로 촘촘하게 연결되어 있고, 모르고 지나치는 존재들조차도 서로 영향을 주고받아요. 가족과 친구는 더 말할 나위 없죠.

우리는 모두 이번 생에서 다뤄야 할 저마다의 과제를 갖고 태어나는데, 자살을 한다는 건 그 과제를 너무 빨리 내팽개쳐버리는 거예요. 도망친다고 그 과제에서 벗어나게 될까요? 그렇지 않아요. 그 과제를 잘 다루게 될 때까지 형태만 바뀐 채 계속 마주치게 돼요. 죽음은 소멸이 아니라 다른 차원으로 옮겨가는 것이니까요. 그런데 살면서도 그런 걸 경험하지 않나요? 해결하지 못한 채 외면하거나 회피했던 문제가 사라지지 않고 어느 순간 눈앞에 떡하니 버티고 서 있는 경험을요.

섬처럼 고립되어 어디에도 도움을 구할 수 없다는 느낌, 자신에 대한 무력감과 무의미함, 처한 상황이 나아지지 않을 거라는 절망감 등을 안고 우리는 그 외로운 길로 걸어 들어가곤 해요.

'죽으면 고통도 끝난다'는 생각과 '의식이 정지되기를 바라는' 마음을 지닌 채 말이에요. 의식이란 건 뇌에서 생겨나고 뇌가 없으면 의식도 없다는 관념이 우리들을 지배해왔으니까요.

그러나 고통은 죽음으로 끝나지 않아요. 육체는 사라져도 의식은 계속되거든요. 2015년 9월, 국제적으로 명망 있는 과학자들은 미국 애리조나주 투손Tucson에 모여 이러한 내용을 선언했어요. 그리고 이 선언은 근사체험, 사후통신, 삶의 종말체험, 영매와 함께 한 실험실 연구, 어린아이들과 관련된 환생 연구 등 다섯 가지 의식 과학 분야를 연구해 얻은 결론임을 밝혔고요.

자살하면 육체는 사라지지만 의식은 사라지지 않아서, 극복하지 못한 어려운 문제를 그대로 갖고 가게 돼요. 육체가 있다면 곤란한 상황을 해결하기 위해 이렇게도 해보고 저렇게도 해볼 텐데, 자살로 육체가 없어지면 어찌해볼 방법이 없어요. 지금 겪고 있는 마음의 고통은 자살로 끝나기는커녕 오히려 더 난처한 상황에 빠지죠. 그리고 자살에 이르게 한 극심하게 고통스러운 마음 상태가 자신의 사념체로서 주위에 남아, 한동안 그 환경 속에 있게 된다고 해요.

드라마 「고스트 위스퍼러」 시리즈를 제작하기도 한 제임스 밴 프라그James Van Praagh는 고도로 진화된 영적인 존재들로부터 정보를 듣는 능력이 있어요. 그는 이렇게 말하죠.

"스스로 목숨을 끊은 영혼들은 죽기 전의 암담한 마음 상태에 한동안 갇혀 있다. 자살자 본인은 물론 남겨진 가족들과 지인들까지도 회복되기엔 너무나 힘겨운 비참함에 오랫동안 묶여 있게 된다."

우리는 모두 부모의 몸을 빌려 유전자를 물려받고 태어나지만, 엄연히 부모와 독립된 존재예요. 그리고 기억하지는 못하지만, 어느 행성, 어느 나라, 어느 부모에게서 태어날지를 스스로 선택해서 이 세상에 태어나요.

그런데 의문이 들죠. 지구에서의 삶은 '신병 훈련소'에 비유될 정도로 고달프고 힘든데, 왜 하필이면 이런 행성을 택했을까요. 게다가 생존경쟁과 스트레스가 극심하기로는 몇 손가락 안에 드는 대한민국을 왜 택했을까요. 그 이유는, 우리 모두 고난과 위기가 영적인 성장의 기회라는 걸 아는 '용감한 영혼'이기 때문이에요.

심지어 한 층 더 성장하기 위해 세속적 가치관으로는 선택하지 않았을 법한 험난한 환경을 택하기도 하고, 장애인으로 태어나기를 선택하기도 한대요. 생과 생 사이의 기억으로 들어가도록 유도해서 자신의 인생 계획을 이해하도록 돕는 최면치료사인 로버트 슈워츠Robert Schwartz는 『웰컴 투 지구별』에서 그런 사례를 여럿 소개하고 있어요.

지난 20여 년 동안 친구들과 지인들의 자녀가 자살로 세상을 떠났어요. 남겨진 사람들이 느끼는 죄책감과 고통, 슬픔은 말로 다 표현할 수가 없어요. 세상도 삶도 모두 무너져버리죠. 강의나 개인적인 자리에서 자살 유가족들을 만나 얘기를 나눠보면, 그 일을 겪은 이후로는 삶의 기쁨도 의미도 의욕도 모두 사라져서 '죽지 못해 할 수 없이' 산다고들 하소연하세요. 아무리 발버둥을 쳐도 헤어 나올 수 없는 깊은 늪에 빠지고, 마음의 감옥에 갇히는 거예요.

지인의 가족이 자살하기 전에 쓴 마지막 편지를 본 적이 있어요. 읽으며 가슴을 치게 되는 말이 있었는데, "내가 떠나도 서로 행복하게 잘 살아요"라는 말이었어요. 자신의 고통이 너무 심해서 다른 사람의 마음을 헤아릴 겨를조차 없었으리라고 짐작하지만, 자신이 사라져도 가족들이 행복하게 살 수 있다고 생각하다니요. 가족을 자살로 잃고 남겨진 가족이 어떻게 그를 잊고 행복할 수 있나요?

어쩌면 자신이 가족들에게 어떤 의미인지, 얼마나 소중한지 몰라서 그랬을 거예요. 가족 누구도 중요하지 않은 사람이 없고, 없어도 되는 사람이 없는데 말이에요. 사람들 대부분은 생계를 이어가느라 고달파서 또는 마음을 잘 표현할 줄 몰라서 그럴 뿐, 마음 깊은 곳에는 가족에 대한 사랑을 품고 있답니다. 그걸 모르고 우리는 저마다의 외로움과 무의미함에 매몰되어 삶을 버리려고

까지 하는 것 같아요.

자살은 남겨진 가족들과 친구들에게 씻을 수 없는 상처를 안겨주고, 이 상처는 수십 년이 지나도록 잘 아물지 않아요. 한 사람이 자살하면 주위 사람 다섯 명 내지 열 명이 자살 충동을 갖게 된다고 해요. 우리나라에서는 하루 평균 마흔 명 가까이 자살한다고 하니, 매일 200명 내지 400명 넘는 사람들이 지인의 자살로 인해 부정적인 영향을 받게 되는 거죠.

죽음은 누구에게나 찾아와요. 서둘러 스스로 생을 마감하지 않더라도 우리는 사고로, 질병으로, 노화로 언젠가 다 죽어요. 그러니 그 전까지는, 자신의 삶은 물론 사랑하는 사람들의 삶까지 송두리째 무너뜨리는 선택만은 하지 않아야 해요.

저는 4년 전 침윤성 방광암 진단을 받고, 방광 전체와 그 옆에 인접해 있는 전립선까지 제거하는 큰 수술을 받았어요. 소장 60센티미터를 잘라내고 만들어 넣은 인공방광에는 괄약근이 없어서 자율적인 배뇨 조절이 안 돼요. 일정한 간격으로 화장실에 가야 해서 밤잠도 세 시간씩 끊어서 자요. 그러나 이것 때문에 비관하지는 않아요. 30년 전만 해도 방광 절제 수술을 받고 나면 비닐 소변주머니를 밖에서 연결해 부착하고 지내야 했는데, 수술법이 향상되면서 삶의 질이 높아졌어요. 그것만으로도 얼마나 고마운지 몰라요. 가만히 주변을 둘러보면 감사할 일이 참 많아요.

설령 앞으로 건강이 안 좋아지더라도 절망하지 않고 받아들여야죠. 51세에 심근경색으로 돌아가신 아버님보다 20년이나 더 산 걸요. 제 심장이 멈추고 호흡이 멎으면 병들고 지친 육신을 벗어나 영계에 진입해서 휴식 시간을 가질 거예요. 죽으면 모든 게 끝이라고 생각하는 사람에겐 이 과정이 두려울 수 있겠죠. 그런데 '죽음은 소멸이 아니고 옮겨감'이라는 사실을 알고 있고, 그 순간이 언제라도 올 수 있다는 걸 늘 생각하며 살면, 그렇게 두렵지 않을 수 있어요. 오히려 주어진 순간순간을 허투루 흘려보내지 않고 충만하게 살아요.

만약 지난날의 자살 시도로 제 목숨이 끊어졌다면 어쩔 뻔했나를 생각하면 정말 아찔해요. 삶과 죽음의 실체를 조금씩 알아갈 때의 기쁨도 못 누렸을 테고, 자살 충동이 사라진 후의 평안함과 자유로움도 맛보지 못했겠죠. 두 딸이 성장해가는 모습을 바라보는 행복도, 나이 들며 비로소 얻게 되는 안정감도 못 누렸겠죠. 그리고 살면서 겪게 되는 어떤 괴로움도 영원히 계속되지는 않는다는 것도 알지 못했을 거예요.

수술받은 후 이주해온 제주에서 숲을 걸으며 자연이 주는 위로에 감동받을 때면, 자살의 고비를 넘기고 여기까지 오게 된 것이 얼마나 다행인지를 새삼 느껴요.

"당신이 필요한 일만을 하고 있다면 생존하는 것이지만, 원하는 일을 하고 있다면 진정한 삶을 살아가는 것이다"라는 말이 있어요. 자신이 언젠가는 죽을 존재라는 사실을 매일 아침 잠에서 깨는 순간 떠올리면 삶을 크게 변화시킬 수 있어요. '실패해서 망신당하면 어쩌나? 계획대로 안 되면 어쩌지? 남들이 나를 어떻게 생각할까?'와 같은 염려는 모두 사라지고 정말로 중요한 일만 남아요. 또 간절히 원하면서도 자신 없어 주저하던 오랜 꿈을 실행에 옮길 용기도 생기죠.

루게릭병으로 차츰 육신이 마비되고 있던 모리 교수와 제자인 미치 앨봄이 나눈 대화를 엮은 『모리와 함께한 화요일』이란 책에 매일 충만한 삶을 살게 하는 방법 하나가 소개되어 있어요. 아침에 일어나면 가상의 새 한 마리가 자기 어깨 위에 앉아 있다고 상상하면서 새에게 질문을 하는 거예요.

"오늘이 내가 죽는 날이니, 새야? 난 준비됐니? 바랐던 대로 인생을 살았니? 되고 싶어 한 사람이 됐니?"

이렇게 하면 마음이 원하는 걸 놓치지 않고 충만한 삶을 살아갈 수 있다고요. 매일매일 죽음을 상기하는 일은 오히려 삶의 끈을 단단히 붙들게 해주죠.

제게 보내신 메일에서 "저는 잘하는 게 하나도 없는데, 누군가를 돕겠다고 시작한 일이 제 능력 밖의 오지랖은 아닌지 고민이

됩니다"라고 하셨죠. 자신을 너무 과소평가하는 것 같아요. 자살을 준비하다가 제 칼럼을 읽고 자살할 생각을 멈추는 건 웬만한 용기 없이는 못 해요. 생명을 보존하기로 한 용기와 결단보다 더 굉장한 능력이 있을까요?

여기서 한 걸음만 더 내디뎌보기로 해요. 자살하려고 하는 사람들의 심정을 누구보다도 잘 아시니, 그런 위기에 처한 분들에게 본인의 경험을 나누는 거예요. 어쩌면 그분들도 자살 충동에서 벗어나 살아보겠다는 의지를 내게 될지 모르잖아요. 생명을 살리는 일에는 특별한 능력이 필요하지 않아요. 지금 있는 자리에서 자신이 할 수 있는 일을 하는 거예요. 자신의 아픈 경험에서 얻은 지혜는 다른 사람들의 마음 깊숙한 곳을 어루만져준답니다.

고생물학과 지질학을 전공한 과학자였던 프랑스의 샤르댕 신부는 "우리는 영적 체험을 하는 인간이 아니라, 인간이 된 체험을 하는 영적 존재다"라고 말했어요. 사실, 이 지구별에서의 여정은 험난하기 그지없죠. 온통 자신의 소유에만 관심 있는 사람들투성이고, 타인에 대한 배려는커녕 상처 주며 남을 해치는 사람도 많아요. 샤르댕 신부가 말한 '우리 모두가 고귀한 영적인 존재'인 걸 알지 못해서일 거예요.

직업이 무엇이든, 재산이 많든 적든, 한 사람 한 사람 모두가 고귀한 영적 존재예요. 그런 우리는 씨줄과 날줄로 촘촘하게 짜인 인연의 그물망에 연결되어 있죠. 눈에 보이지 않아서 느끼지 못할 뿐, 우리 삶은 수많은 인연에 의해 이뤄지고 강물처럼 흘러가요. 내 삶이 주변에 미치는 영향이 얼마나 깊고 넓은지 안다면, 내게 주어진 생명과 삶의 기회를 함부로 저버릴 수 없어요.

저희 부부가 메일을 보면서 느낀 바, 본인은 자신의 평가대로 '자폐가 있는 사람, 머리가 나쁜 사람, 현실성이 없는 사람, 재능이 없는 사람'이 전혀 아니에요. 자신을 꾸준히 성찰해온 사람에게서 느껴지는 진지함과 선함을 글에서 발견할 수 있었거든요.

부탁할게요. 끊임없이 자신과 다른 사람을 비교하면 자신을 비하할 일만 남아요. 부질없어요. 오로지 비교해봐야 할 것은, 얼마 전의 나와 지금의 나예요. '전보다 마음의 근육이 단단해졌나? 전보다 나를 사랑하고 돌보나? 나와 다른 사람들에게 전보다 친절한가? 조금씩 성장하고 있나?'를 자신에게 물어보는 거예요. 어떨 때는 멈춘 것 같고, 또 어떨 때는 뒷걸음질 친 것 같을 거예요. 하지만 그러면 좀 어때요? 자신을 나무라지 말아요. 다시 힘을 내서 나아가면 되죠. 중요한 건 무엇을 향해 가고 있는가, 하는 거예요. 그것만 잊지 않으면 돼요. 성장의 흐름 위에 있기만 하면 돼요. 부디 자신에게 너그러워지면 좋겠어요.

그리고 거칠고 이기적인 세상 사람들이 하는 말들일랑 그냥 흘려버리세요. 바깥 세계는 나를 해칠 수 없어요. 조지프 M. 마셜 3세Joseph M. Marshall 3가 들려주는 라코타 인디언들의 삶의 지혜에 관한 책 『바람이 너를 지나가게 하라』에 이런 얘기가 있어요.

할아버지는 말씀하셨다.
"말이 상처를 안겨줄 수 있지. 하지만 네가 그렇게 되도록 허용할 때만 그래. 걔네들은 너를 공격하기 위해 고약한 별명들을 총동원했단 말이야. 그런데 네가 그런 별명들이 뜻하는 것들로 변했니?"
"아뇨."
"그런 말들이 날아올 때 그냥 흘려버릴 수도 있는데 너는 걔네들이 한 말들을 잊을 수가 없는 모양이구나. 만일 네가 그 바람이 너를 그냥 스치고 지나가게 하는 법을 익히기만 한다면 너를 쓰러뜨릴 수도 있는 그 말들의 힘을 없애버릴 수 있어. 바람 같은 그 말들이 너를 화나게 하고 자존심을 건드리게 하는 일 없이 그냥 지나가게 하면 그것들은 네게 아무 영향도 미치지 못할 거야."

유튜브에 올려진 제 강의와 인터뷰 영상들도 찾아보시고, 네이버 '죽음학 카페'에도 들어가보세요. 죽음학에 관한 자료들을 보다 보면, 몰랐던 삶의 의미와 자신의 내면에 감춰져 있던 빛나는 존재를 알아보게 되실 거예요.

소중한 인연에 감사드리며, 저희의 진심이 온전히 전달되었기를 바랍니다.

2022년 1월 23일, 제주 멍재팅헌에서

정현채와 이현숙 드림

「green rain」_oil pastel, pastel

2장

죽음과 자살, 의식에 대한 질문들

인생은 신병 훈련소 같아서

영화 「오드 토머스」의 마지막 장면에서 주인공은 사랑하는 연인을 사고로 떠나보낸 뒤 자신의 슬픔을 다독이며 얘기해요. "인생은 신병 훈련소 같아서 장애와 고난을 극복해야 다음 세상으로 건너갈 수 있지."

우리는 우리가 탄 배가 항구를 출발해 다음 항구에 도착할 때까지 잔잔한 바다 위를 별 어려움 없이 항해하기를 바라지만, 실제로 겪게 되는 현실은 대체로 그렇지 않죠. 비바람이 몰아쳐 배가 뒤집힐 뻔하기도 하고, 온갖 죽을 고비를 넘기기도 해요.

2010년 「SBS 스페셜」 '황홀한 소통, 춤, 치유'에 한쪽 팔이 없는 여자 무용수와 한쪽 다리가 없는 남자 무용수의 이야기가 소개되었어요. 여자는 촉망받는 발레리나였는데, 교통사고로 한쪽 팔을 절단하게 된 후 실의에 빠져 밑바닥까지 추락했죠. 그러다가 운동선수였던 한 남자가 사고로 한쪽 다리를 절단하게 된 것을 알게 되었고, 그를 찾아가 함께 무용을 해보자고 제안해요. 두 사람은 수없이 부딪히고 넘어지는 혹독한 훈련을 거쳐 무대에 서요. 두 사람은 방송에서 다음과 같이 말해요.

"우리의 신체는 특수해서 독특한 아름다움을 표현할 수 있어요. 완벽한 조화에서 비롯되는 아름다움이지요."

장애를 갖게 된 후 자살까지 생각했던 두 사람은 춤을 추는 순간이 즐겁고 행복하다는 걸 발견했어요. 자신들의 단점을 드러내어 조화를 이뤄냄으로써 예술로 승화시킨 공연을 보며, 관객들은 영혼을 깊이 파고드는 감동에 환호해요. 그리고 저마다 빠져 있는 절망감에서 일어서볼 용기를 얻어요. 방송에서 여자 무용수는 강조해요.

"신체적인 문제는 100퍼센트 극복할 수 있어요. 문제는 마음입니다. 사실 저희는 불완전함의 조합이에요."

백혈병 환자인 여섯 살 아들을 두고 자살하려다 마음을 돌린 후, 삶의 의미를 새롭게 찾아 봉사 활동을 계속하고 있는 한 성악가의 사연이 신문에 실렸어요. 이탈리아 음악 아카데미에서 유학하기도 한 그는, 2002년 당시 세 살이던 아들이 백혈병 판정을 받자 치료비를 대기 위해 살림을 점점 줄여나갔어요. 결국엔 방 한 칸짜리 옥탑방에서 살게 되었고, 빚을 갚지 못해 신용불량자까지 되었어요. 아들이 여섯 살이 되던 해, 더는 감당할 수 없다는 절망감에 빠져 자살을 결심하고 그대로 뛰어내리려는 순간, 옥탑방에서 아빠를 찾는 아들의 목소리가 들렸어요. 그는 멈춰 서서 펑펑 눈물을 쏟았죠.

아들은 그해 겨울 백혈병 완치 판정을 받았지만, 병의 진행에 따른 뇌 손상이 깊어 지체장애 1급 뇌전증을 얻었어요. 그러나 그는 절망에 빠지는 대신 '웃음치료사' 자격증을 따고 17명의 자원봉사자가 모여 공연하는 합창단을 만들었어요. 아들의 이름을 따서 '선우합창단'이라고 이름 붙였죠. 선우합창단은 제대로 된 보수도, 무대도 없지만, 여러 병원을 찾아다니며 공연을 하고 아픈 사람들에게 따스한 위로와 치유의 힘을 전달하고 있어요. 그는 이렇게 말해요. "많은 청중이 보고 있는 화려한 무대에도 서봤죠. 그런데 이 공연은 지난번 왔던 청중이 병이 다 나아서 더는 오지 않았으면, 하고 바라며 하는 공연이에요."

세상에는 전쟁과 빈곤, 사고로 인해 늘 고통이 있어요. 하지만 지구에 인간으로 태어나는 건 '공중에서 겨자씨가 떨어져 모래 위에 꽂아 놓은 바늘귀에 들어맞을 확률'에 비유될 만큼 대단한 일이에요. 그렇게 태어난 우리이기에 그 존재의 소중함은 그 어떤 결함이나 실패로도 덜해지거나 무너지지 않아요.

내가 선택한 환경, 내가 만드는 삶

우리는 힘들면 '부모님은 왜 나를 낳아서 이 고생을 시킬까?'라며 부모를 원망하곤 해요. 그런데 사실은 정반대예요. 그걸 어떻게 아느냐고요? 4장에서 영매들이 전하는 이야기를 읽어보면 수긍이 갈 거예요.

우리가 죽으면 육체는 사라지지만 의식체는 그대로 유지된 채 다른 차원으로 이동하게 돼요. 사후세계에 의식체 상태로 머무는 동안 하게 되는 가장 중요한 일은, 영적으로 성숙한 영혼의 도움을 받아 다시 태어나서 맞이하게 될 삶을 미리 계획하는 일이에요.

우선 지난 삶을 분석하고 반성하면서, 부족했거나 미숙했던 부분을 보완하고 극복하려면 어떤 조건과 환경이 좋을지 살펴보는 과정을 거쳐요. 어떤 행성, 어떤 지역, 어떤 인종, 어떤 부모를 택할지, 그리고 어떤 성 정체성을 택할지를 '마스터 영혼들'과 의논하며 계획을 세워요. 어떤 경우엔 영혼의 빠른 성장을 위해 일부러 험난한 길을 택하기도 해요.

그런데 꼭 알아야 할 게 있어요. 태어나기 전 영혼세계에서 설계하는 것은 살아갈 환경과 전체적인 윤곽뿐이고, 삶의 구체적인 모습은 살면서 순간순간 본인의 자유의지free will에 의해 선택되고 결정된다는 점이에요. 흔히들 얘기하는 숙명론과는 거리가 먼 얘기죠. 우리는 모두 태어나기 전에 스스로 환경을 선택하지만, 태어나서는 그런 사실을 잊은 채 자유의지를 발동해서 자기 삶을 만들어가요.

카르마의 의미

'업보' 또는 '카르마'라는 말은, 어떤 원인에 따라 생기는 결과를 의미해요. 삶의 과정에서는 선업이든 악업이든 매 순간 카르마가 생기는 거죠. 그런데 잘못한 일에 대한 징벌이라는 의미로만 카르마를 이해하는 경우가 많은 것 같아요.

카르마의 의미는 '인과응보적' 관점에서 '보상적' 관점으로, 더 나아가 '배움'의 관점으로 확장되었어요. 인과응보적 관점으로 보면, 전생에서 누군가를 죽였다면 이번 생에는 반드시 그에게 죽임을 당하게 되어 있죠. 그런데 보상적 관점으로 보면, 전생에서 내가 죽인 그의 생명을 이번 생에서 내가 구하게 되어 있어요. 또 배움의 관점으로 보면 이번 생에서는 전생에서 내가 살해한 그 사람이 아니라 가족을 잃은 누군가를 위해 헌신함으로써 카르마의 결과를 짊어져요.

현재 부유하고도 존경받는 삶을 살고 있는 어떤 사람이 있다고 생각해보죠. 그가 한 번의 전생은 집 없이 유랑하는 삶을 살았고, 또 한 번은 가난한 소작농의 삶을 살았고, 또 한 번은 병든 아이의 삶을 산 후, 그 삶에서 배운 연민을 원동력 삼아 현재의 삶을 잘 살고 있다고 볼 수도 있는 거죠.

'카르마 시나리오karma script'에 대해 이해할수록, 현재 삶에서 겪고 있는 불행과 고통이 꼭 전생의 악업 때문은 아닐 수도 있다고 생각하게 돼요. 오히려 미래의 성취를 위한 준비 과정일 수 있어요. 그리고 영적으로 성장해갈수록 삶의 내용이 더욱 가혹해지는 경향도 있다고 해요. 이런 관점에서 보면, 장애를 갖고 있는 사람을 '도전자challenger'라고 부를 수 있죠.

자살하는 순간 후회하지만

자살을 시도했는데 살아난 사람들은 이후 신체적인 고통을 겪더라도 살아 있다는 사실만으로 감격스러워하며 살아간다고 해요. 그리고 대다수의 사람이 더 이상 자살을 시도하지 않았다고 해요.

2013년 EBS「다큐프라임」'33분마다 떠나는 사람들. 당신은 혼자가 아닙니다'에서는, 미국 샌프란시스코 골든게이트교(금문교)에서 투신했다가 극적으로 살아남은 2퍼센트의 사람들을 다뤘어요. 미국 플로리다대학의 토머스 조이너 교수가 그 사람들과 면담한 결과, 투신해서 수면에 떨어지기까지 4초밖에 안 되는 짧은 시간 동안 그들은 한결같이 자신이 한 행동을 후회했다고 해요.

> "뛰어내린 순간 나는 인생에서 해결할 수 없는 일은 하나도 없다는 사실을 깨달았다. 방금 다리에서 뛰어내렸다는 사실만 빼고."

"뛰어내리고 처음 떠오른 생각은 '방금 무슨 짓을 한 거지?'였다. 나는 죽고 싶지 않았다."

그런데 떨어진 곳이 강이었으니 그나마 구사일생으로 목숨을 건질 수 있었던 것이고, 고층 빌딩이었다면 떨어지는 순간 후회한다고 해도 돌이키기 힘들죠.

경북 영주에 사는 한 중학생의 경우가 바로 그랬어요. 같은 반 학생들의 괴롭힘을 이기지 못해, 아파트 20층 계단 창문을 열고 뛰어내리려다가 갑자기 마음을 바꿔 창문틀을 붙잡고 도와달라고 요청했어요. 때마침 20층에 사는 주민이 이 소리를 듣고 사람들에게 도움을 청하러 갔지만, 이 학생은 팔에 힘이 빠져 결국 추락했다고 해요. 너무나 안타까운 일이에요.

이처럼 자살을 시도하는 사람들의 마음 한편에는 살고 싶은 의지가 강하게 있는 것 같아요. 다음에 소개하는 사례에서도 확인할 수 있어요.

우울증을 앓고 있던 한 여성이 오피스텔에서 자살하려고 목을 맸는데, 이상한 낌새를 눈치챈 이웃의 신고로 경찰이 출동했어요. 잠긴 문을 따고 들어가보니 이 여성은 이미 사망한 것처럼 보였어요. 호흡도 없고 얼굴이 잿빛으로 변해 있었죠. 그런데 출동한 경찰관 중 한 명이 혹시 모르니 응급조치를 해보자며 심폐소생술을 시작했고, 얼마 뒤 이 여성은 "컥!" 하는 소리와 함께 숨을 쉬며 살아났어요. 그리고 살아나서 한 말이, 경찰이 들어왔을 때 자신은 여전히 의식이 있었는데 다른 경찰관이 "시신에 손대지 말고 현장을 보존하자"고 했을 때 속상했다는 거였어요.

죽고 싶을 만큼 힘들 땐

사람들은 지금 이곳에서 견디지 못하면 다른 곳에 가서도 마찬가지일 거라고 생각해요. 어디에도 적응하지 못하는 부적응자가 될까 봐 두려워하죠. 그러니 아무리 힘들어도 견뎌야 한다고 자신을 다그쳐요.

"이 세상에 안 힘든 데가 어디 있어? 어디나 좋은 면과 나쁜 면이 있지. 네 생각만 바꾸면 괴롭던 일도 훨씬 안 힘들어질 거야. 조금만 더 견디다 보면 힘이 생겨. 그러면 어떤 일이 닥쳐도 이겨낼 수 있어. 다른 데로 옮겨봤자 뾰족한 수는 없어. 힘들 때마다 관두면 아무것도 못 하지."

자신에게나 다른 사람에게나 보통 이렇게 얘기하죠. 도망가는 건 비겁한 거라고요. 물론 위기 상황이 아니라면 이 말이 맞을 때도 있어요. 하지만 학교나 직장에서 지속적으로 괴롭힘, 폭행을 당하고 있는 사람이나, 부당하고 과도한 업무로 살아갈 의욕마저 잃은 사람에게는 이런 다그침이 도리어 해가 돼요. 누구에게도 제대로 도움을 청할 수 없는 외로움과, 상황이 나아질 것 같지 않은 데서 오는 절망감 속으로 더 깊이 밀어 넣게 될 뿐이니까요. 자칫하면, 고통스러운 그 상황을 벗어나는 길은 오직 죽는 것밖에 없다는 극단적인 생각에 빠질 수 있어요.

자살로 가족을 잃고 나서 유가족들이 후회하는 일 중 하나는, 그가 힘들어하는 것은 알았지만 자살할 정도로 심각한 줄은 몰랐고, 그 환경에서 나오라는 말도 하지 못했다는 거였어요. 물론 유가족들이 미리 알고 말렸다고 해도, 이미 자신감을 잃고 마음이 무너져버렸다면 지옥 같은 그 상황에서 벗어날 다른 방법을 떠올리지 못했을 수도 있어요.

학교 폭력에 시달리던 아들을 자살로 잃은 한 교사는 이후 학생들을 상담하며 느낀 심정을 이렇게 말해요.

"아이들은 자기에게 얼마나 많은 길이 있는지 몰라요. 사실 학교를 정말 못 다니겠으면 그만두면 되거든요. 학교를 다니는 게 세상 그 어떤 일보다 중요한 건 아니잖아요. 그런데 아이들은 '더 이상 갈 데가 없다'는 생각을 하는 것 같아요."

그리고 아이들을 괴롭히는 학생에게 "네가 장난삼아 하는 일이 누군가에겐 삶을 포기할 정도로 힘든 일이 될 수도 있단다. 내 아들이 그렇게 갔단다"라고 얘기해주니 아이들이 많이 변하더라고 했어요.

산에 다녀본 사람은 알 거예요. 길은 하나만 있지 않아요. 가려던 길이 아닌 다른 길로 접어들게 되었을 때, 처음엔 당황스럽죠. 하지만 그 길도 과히 나쁘지 않다는 걸 알게 되고, 심지어 더 좋다는 걸 발견할 때도 있어요.

죽는 것 외에는 거기서 벗어날 방법이 없다고 자꾸 생각하게 만드는 상황에 있다면, 가족이나 상담사에게 솔직하게 털어놓고 그곳에서 벗어나기 위한 현실적인 방법을 찾으세요. 익숙한 곳을 벗어나는 걸 겁내지 마세요. 죽는 길밖에 없다고 생각하게 만드는 지금 그곳보다 더 나쁜 곳은 이 세상에 없으니까요.

하나의 문이 닫히면 다른 문이 열려요. 70년을 살아보니 정말 그렇더라구요.

자살 미수 후유증

서울의 한 중학교에 가서 죽음에 대해 강의한 적이 있어요. 어머니가 사고로 돌아가신 후부터 커터 칼로 손목에 자꾸 상처를 내는 학생이 있는데, 그런 행동을 주변 학생들도 따라 해서 교사들의 걱정이 이만저만이 아니라고 했어요.

처음에는 어수선하던 교실 분위기가 수업이 진행되면서 점점 집중되는 게 느껴졌죠. 우선 근사체험이나 삶의 종말체험 등 죽음의 현장에서 일어나는 영적인 현상, 그리고 육체는 죽어도 의식은 계속되어서 자살로 고통이 끝나지 않는다는 사실을 얘기해줬어요. 그런 다음, 자살을 시도했으나 사망하지 않았을 경우 겪을 수 있는 심각한 신체적인 손상과 장애에 대해 그림을 보여주며 설명했죠.

자살 시도 과정에서 뼈가 부러지거나 장기가 파열되어 심각한 장애를 얻고 극심한 통증을 계속 겪기도 하고, 뇌에 심각한 타격을 입어 파킨슨병과 같은 신경계 질환을 앓게 될 수도 있어요. 식도가 쪼그라들어 먹지도 마시지도 못해, 튜브로 영양을 공급받으며 연명하기도 하죠.

또 어떤 자살 미수자는 손목을 칼로 그었을 때 힘줄 다섯 개와 신경 두 개가 끊어져 수술을 두 번이나 해야 했는데, 이후로 6개월째 감각이 없어 심각한 후유증을 겪고 있어요. 번개탄을 피워놓고 자살을 시도했던 어떤 사람은 다행히 빨리 발견되어 응급조치를 받고 며칠 후 퇴원했지만, 1주일 만에 신체 모든 기능이 마비되어 온몸이 굳은 채 응급실로 다시 실려오기도 했어요. 건물에서 투신한 후 바로 병원으로 옮겨졌지만 식물인간 상태로 10년간 있다가 사망한 일도 있고요.

강의를 들은 후 학생들에게 일어난 변화를 선생님께서 전해주셨는데, 유행처럼 번지던 자해 행동들이 주춤해졌다고 했어요. 죽으면 어떤 상태가 되는지, 그리고 자살이 어떤 결과를 가져오는지 알게 되면, 자살을 생각했다가도 일단 멈춰 서게 되는 것 같았어요.

자살로는 고통이 끝나지 않아요. 고통을 끝내려고 자살하지만, 의식체는 여전히 유지되니까 자살할 때의 암울한 환경을 본인의 사념체로 만들어놓고 그 안에 고립되거든요. 또 자살을 시도했으나 죽음에 이르지 않았다면 신체적인 후유증으로 오랫동안 극심한 고통을 겪어요.

사랑하는 사람을 자살로 떠나보내고

벌써 7년이 되었네요. 저희와 무척 가깝게 지내온 지인의 아들이 자살로 세상을 떠나고, 몇 달 지나 작은 카페에 마련된 추모하는 자리에 갔었어요. 각자 편한 시간에 들르라는 안내를 받았죠. 그를 아꼈던 사람들은 한쪽 벽에 설치된 스크린에서 생전의 그를 만나고, 탁자에 놓여 있는 그의 그림과 손편지, 그의 손때가 묻은 물건들을 어루만졌어요. 가슴 가득 그리움과 애달픔을 담은 채 그의 아름다웠던 삶을 추억했어요.

가족이 자살하면 대부분은 그 사실을 숨겨요. 사람들에게 사인을 교통사고나 급성 질환으로 얘기하기도 하고, 부고를 알리지 않고 가족끼리 서둘러 장례를 치르기도 하죠. 가족의 자살은 그만큼 감당하기 힘들고 아픈 일이에요. 또 사회적인 낙인도 만만치 않죠.

그런데요. 나이가 많든 적든, 그게 어떤 삶이었든, 스스로 목숨을 끊기 전까지 그분들은 나름대로 온 힘을 다해 자신의 삶을 살았잖아요. 그러니 그분들이 살았던 삶은 기려줘야 마땅해요. 그리고 유가족과 친구들 역시 한자리에 모여 상실의 아픔을 드러내고 서로를 위로해주는 시간을 거쳐야 비로소 각자 삶의 다음 단계로 넘어갈 수 있어요.

2016년 EBS 「다큐프라임」 '감성시대 4부, 너무 이른 이별'에서는, 미국에서 1년에 한 번씩 열리는 자살 유가족들의 걷기 대회를 보여줬어요. 시작할 때만 해도 적은 인원이 모였었는데, 해를 거듭할수록 참가하는 사람이 늘어 이제는 수십만 명이 모인다고 해요. 자살로 자녀를 잃은 사람, 배우자를 잃은 사람, 부모를 잃은 사람, 또는 친구나 연인을 잃은 사람이 다양한 색깔의 팔찌를 손목에 두르고 저마다의 아픔을 꺼내 서로를 위로해요.

자살로 떠난 형의 이름과 자살로 떠난 친구의 이름을 따서 아이의 이름을 지었다며 팔에 안은 갓난아이를 자랑스레 보여주는 참가자도 있고, 자살로 떠난 자녀의 이름을 크게 프린트한 셔츠를 입은 참가자도 있었어요. 서로의 사연들을 이야기하며 공감하고 공감받는 시간, 환하게 웃을 수도 있는 시간이 참 좋아 보였어요.

사회학자, 심리상담사인 파이겔먼Feigelman 부부는 31세 아들을 자살로 떠나보낸 후 자살 유가족과 정신건강 전문가들이 함께하는 자조모임이 필요하다고 생각해서 모임을 만들고, 이끌어오고 있어요.

"모든 게 무너져 내렸죠. 굉장한 재난이었다고 말했죠. 그것이 제가 느낀 기분입니다."

"저는 엄마로서, 상담사로서 다 실패했다고 느꼈어요. 부끄럽기도 했고, 학계에서 저를 어떻게 볼지도 걱정되었죠."

부부는 아들을 지키지 못한 자책감에 오랫동안 시달렸다고 해요. 하지만 부부는 숨지 않았어요. 자살 위험에 처한 청소년 연구를 계속했고, 『충격적인 죽음들Devastating Losses』이란 책도 펴냈죠.

자살 유가족 걷기 대회에 참가한 김혜정 씨는 파이겔먼 부부를 찾아가서 이제까지 차마 하지 못했던 질문을 해요. "자살한 남편의 삶을 기억해도 될까요?" 이 질문에 파이겔먼 부부는 "분노와 실망, 굉장한 좌절을 느끼지 않았다면 거짓말이에요. 슬픔도요. 하지만 아이를 만난 것은 선물이었어요. 31년간 아이의 삶을 선물로 받았고 그것에 감사해요. 당신도 남편과 수년간 함께 지냈고, 남편이 많은 기쁨을 주기도 했고 고통도 많이 받게 했죠. 하지만 둘 다 받았고, 나쁜 기억으로 인해 좋은 기억을 잊어서는 안 되죠. 이건 정말 중요해요. 사람들은 자살과 죽음만을 기억하고 다른 건 다 잊어요. 그건 잘못된 거예요"라고 답해줘요.

김혜정 씨가 귀국해서 가장 먼저 한 일은, 집으로 지인들을 초대한 후 "사실은 남편이 자살로 세상을 떠났다"고 털어놓는 것이었어요. 이후 CBS「세상을 바꾸는 시간, 15분(세바시)」에 출연해 수많은 사람 앞에서 남편을 자살로 잃은 아픔과 그 아픔에서 벗어나는 여정을 이야기했죠. 김혜정 씨는 현재까지 자살 유가족 자조모임을 통해 사람들의 치유를 돕고 있어요.

사고사와 체외이탈

교통사고 현장의 참혹한 모습을 보면서 우리는 사고로 사망한 사람이 겪었을 신체적 고통 때문에 두고두고 마음 아파해요. 그런데 리사 윌리엄스Lisa Williams는 치명적인 고통이 오기 전에 의식이 몸에서 빠져나가므로 실제로는 고통을 느끼지 않는다고 얘기해요.

다음 장에서 자세히 소개할 리사 윌리엄스는 영국에서 태어나 지금은 미국에서 활동하고 있는 영매인데요. 죽은 사람의 영혼과 소통할 수 있는 영적 능력으로 사별의 아픔을 겪고 있는 사람들을 위로해주고 있어요. 상담 사례들을 모아 출간한 책 『죽음 이후의 또 다른 삶』에서 사고로 사망한 영혼의 메시지를 전해준 일화를 만날 수 있어요. 한 가지 사례를 소개할게요.

오토바이 사고로 갑자기 죽은 아들과 소통하고 싶다며 한 어머니가 리사를 찾아왔어요. 그러자 리사는 아들의 영혼에게 전해 들은 사고 당시 상황을 자세히 설명했어요.

"나는 오토바이 위에서 커브에 있는 돌벽을 향해 날아가고 있었어요. '맙소사, 아프겠다!'라고 생각하며 머리를 가리려

했는데, 곧 내가 몸 밖으로 끌어당겨져 나왔어요. 나는 밑에서 일어나는 일을 다 지켜보며 날고 있었어요. 아무런 고통도 느끼지 않았어요."

아들은 오토바이 사고로 즉사하기 직전 체외이탈을 한 거죠. 아들을 잃은 상실감에다가 아들이 사망할 때 겪었을 것으로 짐작되는 신체의 고통을 생각하며 헤아릴 수 없는 아픔에 빠져 있던 어머니는 리사로부터 그 이야기를 전해 듣고 큰 위안을 받았어요.

실족사와 체외이탈

세계 최초로 히말라야 14좌를 완등하고 무산소 등정과 단독 등반 등 인간의 한계를 넘어서는 신화를 기록한 산악인 라인홀트 메스너 Reinhold Messner는 등반 중 추락했으나 살아남은 사람들의 의식을 탐구해서 『죽음의 지대』를 썼어요.

사람은 물에 빠지면 본능적으로 지푸라기라도 잡으려고 허우적거리게 되는데, 산에서 추락하면 그럴 수가 없기 때문에 살려는 어떤 시도도 하지 않는다고 해요. 그러면 뜻밖에 마음이 편안해지면서 의식체가 몸 밖으로 빠져나와, 산에서 떨어지는 자기 육체를 바라본다는 거죠. 이때 냉정해지면서 시간과 공간 감각을 소실하는 경험을 한다고 해요. "불안한 생각도 없었고, 아주 태연한 기분으로 내 몸이 가파른 설원으로 떨어지는 모습을 보았다"고 그 당시를 회고하는 사람도 있고, 추락하는 도중 자신의 전 생애를 회고했다는 사람도 있어요.

이 책에는 등반 사고로 아들 둘을 잃은 어머니를 만난 일도 쓰여 있어요. 어머니는 두 아들이 추락해서 사망할 때까지 육체적 고통이 얼마나 극심했을지를 상상하며 오래도록 마음 아파하고 있었어요. 그런데 메스너가 이 어머니에게 고통을 겪기 전 의식이 이미 몸 밖으로 빠져나오기 때문에 산에서 추락한 사람들은 큰 고통을 느끼지 않았다는 조사 결과를 얘기해주자, 비로소 마음의 고통에서 벗어나더라고 했어요.

이처럼 의식이 에너지 상태가 되어 몸 밖으로 빠져나오는 체외이탈 체험은 근사체험 때도 일어나고, 우리 육체가 생명을 잃을 정도로 위태로운 절체절명의 순간에도 일어나요. 근사체험의 열 가지 현상 중 대표적인 것이 바로 체외이탈이에요.

체외이탈 체험

마음건강연구소 대표인 변성식 가정의학 전문의는 청년 시절 건설 작업 도중 추락사고를 당했을 때 체외이탈을 경험했다고 해요. 사고 후 의식을 잃고 쓰러져 있는 자기 모습과 병원에 옮겨진 자신 옆에서 비통해하는 가족들과 친구들의 모습을 높은 곳에서 내려다보았다는 거예요. 또 육신을 벗어난 의식체 상태로 사람들 사이를 돌아다녔는데, 사람들은 자신의 존재를 알아보지 못하고 말소리도 듣지 못하더라는 거죠.

또 제 지인 한 분이 자신의 어렸을 적 경험을 얘기해줬어요. 이제까지 실체를 몰라 의아했는데 죽음학 강의에서 체외이탈에 대한 설명을 듣고 비로소 이해하게 되었다고 했죠.

시골에서 자라던 열 살 무렵, 고열에 시달리며 방에 누워 있었는데 어느 순간 육체에서 분리되어 천장에 뜬 채로 바닥에 누워 있는 자신을 내려다본 적이 여러 번 있었다고 했어요. 그 시절엔 농가 천장에 새끼줄로 네모난 메줏덩어리를 매달아놓는 일이 흔했는데, 육체를 벗어나 그 높이까지 떠올랐다는 거예요.

천국과 지옥

죽음학 강의를 해오면서 자주 받는 질문 중 하나가 '천국과 지옥이 정말 있는가?'예요. 종교개혁이 일어나기 전에는 성직자들이 '면죄부를 사면 천국에 간다'는 허무맹랑한 이야기를 신자들에게 퍼뜨리기도 했었죠. 저는 '천국과 지옥은 있기도 하고 없기도 하다'라고 대답해요. 제도권 종교에서 얘기하는 것처럼 절대적인 심판자가 판결

해서 가게 되는 지옥과 천국은 없다고 생각해요. 어떻게 어느 한 사람이 수십 년간 살면서 했던 행동들을 저울에 달아 칼로 무 자르듯 좋은 사람과 나쁜 사람으로 판가름할 수 있을까요?

영화 「스틸 라이프」의 주인공은 영국의 한 시청에서 고독사를 담당하는 공무원이에요. 가족이나 친지의 돌봄 없이 혼자 죽음을 맞은 사람들의 생전 삶을 조사해서 가족과 친척에게 연락하고 장례도 치러 줘요.

어느 날 이 시청 공무원이 고독사한 노숙자의 생전 삶을 조사해나가는데, 그의 말년을 아는 사람들이 모두 고개를 절레절레 흔들어요. 삶을 엉망으로 살았던 거죠. 그런데 조사를 계속해보니 1982년 영국과 아르헨티나의 전쟁에 참전한 그가 한 전투에서 자신의 목숨이 위태로운 상황인데도 동료의 생명을 구한 적이 있다는 사실을 알게 돼요.

그는 다른 사람들의 눈살을 찌푸리게 할 만큼 형편없는 삶을 살았으니 지옥에 가야 할까요? 아니면 자신의 목숨이 위험한데도 다른 사람의 생명을 구했으니 천국에 가야 할까요? 어디로 가야 할지 누가 감히 판단할 수 있을까요?

신비주의자들은 인간은 육신이 죽은 후 소멸하는 것이 아니고 일정한 파동의 에너지체로 존재한다고 말해요. 영혼세계에서는 모든 게 파동으로만 존재하는데, 비슷한 파동을 지닌 영혼들은 서로 모이게 돼요. 즉, 유유상종이죠.

천국과 지옥에 관한 재미난 우화가 있어요. 사후세계에서는 길이 1미터가 넘는 젓가락으로 식사를 하는데, 천국에는 웃음소리가 끊이지 않고 지옥에는 비명이 끊이질 않는대요. 왜냐하면 천국에서는 긴 젓가락으로 서로 번갈아가며 상대방에게 음식을 먹여주니 모두 배불리 먹는 반면, 지옥에서는 긴 젓가락으로 자기 입에 음식을 넣으려고 하니 입안에 들어가는 게 하나도 없어서 그렇다는 거예요.

살면서 다른 사람을 배려하고 친절하게 대했던 영혼들은 죽어서도 비슷한 파동끼리 모여 서로를 배려하니 그곳이 바로 천국이고, 살면서 다른 사람을 험담하고 시기하고 해코지해왔던 영혼들은 죽어서도 서로 헐뜯고 싸울 테니 그곳이 바로 지옥인 거죠. 이렇게 본다면 천국과 지옥은 있다고도 말할 수 있어요.

사후세계의 작동 원리

육신을 벗어나 비물질계로 옮겨졌다고 해서 갑자기 깨달음에 이르는 것은 아니라고 해요. 지상에서 성취한 영적인 발달 정도에 따라 각자의 영혼이 끌리게 되는 여러 수준과 차원들이 있어요. 다양한 수준의 영혼 공동체가 수없이 존재하고, 영혼들은 그 집단 안에서 계속 유대를 갖게 되죠.

'도덕적 특이 중력'이라는 용어가 있는데, '진동수'와 같은 의미에요. 지상에서 사는 동안 어떻게 살았는지에 따라 저마다 다른 에너지장이나 기운aura(오라)으로 나타나죠. 영적인 발전 단계에 따라 어두운 빛에서 휘황찬란한 광채까지 다양해요.

죽어서 육체를 벗어난 영혼이 처음 도달하는 장소는 이 중력에 의해 결정돼요. 감당할 수 있는 빛의 양이 제각기 달라서 위장하는 건 불가능하죠. 만일 자신의 중력을 속이고 더 높은 궤도로 올라간다고 해도 그곳의 빛을 감당하지 못해요. 그런데 낮은 중력을 지닌 사람들은 일단 낮은 수준으로 몰리더라도, 발달한 영들의 도움으로 더 높은 수준으로 점차 진화해간다고 해요.

뉴욕의 의사이자 영매인 조지 덱스터는 1853년 5월 22일, 생전에 수시로 영계를 드나들었던 신비주의자 스베덴보리Swedenborg의 영혼으로부터 메시지를 받아요. 그 내용은, 낮은 단계 영들의 도덕적 수준은 살아 있을 때 영적으로 낙후된 사람들의 도덕적 수준과 질적으로 다르지 않다는 거예요. 이 말은 스베덴보리가 살아 있을 때 했던 말과 똑같아요.

조지 덱스터는 프랜시스 베이컨의 영혼으로부터도 같은 내용의 메시지를 받았죠. "유유상종의 법칙이 전 영역에 걸쳐 작용한다. 지상을 떠난 영이 비물질계에 들어오면 자기에게 가장 친숙한 장소와 사람들에게 끌린다. 미덕과 선함이 있다고 해도 그보다 더 밝은 곳에서는 행복감을 느끼지 못한다. 그래서 그들은 지상에서 습득된 마음의 특성들을 충족시킬 가장 적당한 곳을 찾는 일부터 한다."

사후세계는 스베덴보리, 다스칼로스Daskalos, 마르티누스Martinus 같은 신비주의자들에 의해 드러나기 시작했고, 지난 40~50년간 다양한 '근거 기반 연구'가 이뤄지면서 사후세계 연구가 크게 진전되었어요. 근사체험과 삶의 종말체험, 사후통신에 대한 관찰과 연구, 버지니아 의대 인지과학연구소에 축적된 3,000여 건에 달하는 아이들의 전생 기억 연구 등으로 눈에 보이지 않으나 실재하는 장엄한 세계에 대해 많은 걸 알게 되었죠.

환생 연구도 인도나 미얀마에서의 사례를 뛰어넘어 미국이나 영국 같은 서구권의 사례들이 점점 많이 수집되고 있어요. 사실 죽음에 대한 경험은 우리 모두의 잠재의식 속에 이미 다 들어 있어요. 수백 년 전, 수십 년 전에 울고 있는 가족들을 내려다보며 병들고 늙은 자신의 육신을 벗어났던 체외이탈 기억이며, 이후 빛으로 건너가 먼저 죽은 가족을 만났던 기억도 갖고 있어요. 다만 평소엔 봉인되어 있어서 쉽게 꺼낼 수 없을 뿐이라고 해요.

카를 구스타프 융(1875~1961)은 "사후세계가 작동하는 원리를 살아 있을 때 나름대로 알고 있지 않으면 죽고 나서 큰 손실이 된다"고 말했어요. 아마도 본인의 체험 때문에 그런 얘기를 할 수 있었을 거예요. 그는 1940년대에 심각한 질환으로 사경을 헤매다 체외이탈을 하게 되었는데, 그때 지구 표면으로부터 상공 높이 올라가 지구를 관찰했던 모습을 병에서 회복된 후 묘사하기도 했어요. 당시에는 인공위성이 없어서 지구 전체를 멀리서 찍은 사진이 없었어요. 그런데 융

이 묘사한 지구는 훗날 인공위성이 촬영한 것과 정확히 일치했다고 해요.

귀신, 유령, 고스트의 정체

다음은 비욘 나티코 린데블라드Björn Natthiko Lindeblad의 책 『내가 틀릴 수도 있습니다』에 나오는 내용이에요. 저자는 어느 날 태국의 숲속 사원에 들어가 17년간 승려 생활을 하고, 환속 후 스웨덴에서 명상을 지도하다가 루게릭병으로 세상을 떠났어요.

> "우리 승려들은 해마다 2월이면 태국 북동부의 찌는 듯한 더위를 피해 미얀마 국경의 시원한 고지대 밀림으로 갔어요. 한번은 버스가 어느 마을에 멈춰 섰는데, 무슨 일인지 우리가 버스에서 내리기 무섭게 마을 사람들이 달려오는 거예요. 그들의 사정을 들어보니, 섬뜩한 비명 소리 때문에 밤새 잠을 못 잔다는 거였어요. 게다가 영어로 비명을 내지른다고 했어요.
>
> 이 마을에는 제2차 세계대전까지 거슬러 올라가는 공동묘지가 있었어요. 알고 보니 이곳은 일본 제국의 육군이 군수물자를 나르기 위해 건설한 '죽음의 철도(버마 철도)'와, '콰이강

의 다리' 인근이었어요. 그때 당시 전쟁포로로 잡혀왔던 수많은 연합군과 현지인이 철도를 짓는 데 동원되어 혹사당했고, 수만 명이 사망했어요. 이곳은 그렇게 죽은 수많은 연합군 병사가 묻힌 곳이었죠.

대부분 서양인으로 구성된 스무 명 정도의 숲속 승려가 공동묘지에 둥그렇게 서서 부처님의 법문과 염불을 팔리어로 한참 동안 암송했어요. 그런 다음, 아잔 자야사로 주지 스님이 귀신들을 향해 이번에는 영어로 말했어요. '우리는 평화로운 사람들이에요. 여러분은 밤마다 비명을 지르며 마을 사람들을 두렵게 하는군요. 당신들은 이제 이 세상 사람들이 아니에요. 이곳은 여러분을 위한 자리가 아니에요. 이젠 가야 할 때가 됐어요. 부디 평안히 가십시오.'

효과가 있었어요. 아무도 더는 귀신들의 비명을 듣지 못했거든요. 마을 사람들은 그들의 삶을 살 수 있었고, 우리는 우리 길을 갈 수 있었어요.''

우리는 모두 언젠가 수명을 다하고 육신을 벗어난 영혼 상태로 존재하게 돼요. 죽으면 대부분 바로 빛으로 건너가고, 일부는 잠시 가족 옆에 머무르거나 본인 장례식이 치러지는 것을 본 후 저쪽 빛의 세계로 건너가요.

그런데 종종 빛으로 건너가지 못하고 지박령earthbound spirit(땅에 묶여 있는 영혼)이 되기도 해요. 재물이나 가족에 대한 집착을 버리지 못하거나, 지옥을 제도권 종교에서 말하는 대로 믿기 때문에 건너가기를 두려워하는 경우예요. 살면서 잘못한 게 많아 지옥에 갈 거라며 지레 겁을 먹어 이승을 떠나가기를 거부하는 거죠. '귀신, 유령, 고스트'라고 불리는 존재는 이렇게 지상에 묶여 있는 영혼이에요.

설화를 보면, 귀신은 자신을 해친 사람을 직접 응징하지는 못해요. 그래서 살아 있는 다른 사람 앞에 나타나 자신의 억울함을 호소하는 건데, 그걸 모르는 사람들은 너무 놀라고 무서워서 도망가거나 기절하고 말아요. 그 바람에 귀신의 억울한 사연을 들어볼 기회가 없는 거죠. 귀신이 담대한 사람을 만나 억울한 사연을 다 하소연하고 나면 험악했던 모습이 아주 순하게 바뀌는 설화도 많아요.

미국의 영매 메리 앤 윈코우스키Mary Ann Winkowski의 이야기를 바탕으로 만든 드라마 「고스트 위스퍼러」에서도 귀신이 이런 설화 속 모습과 비슷하게 묘사돼요. 매회 처음은 으스스한 이야기들로 시작되지만, 결말에 이르면 따스하고 인간적인 분위기로 바뀌어요. 인간관계나 사건 사고에서 문제가 해결되지 않아 빛으로 건너가지 못하고 지상에 남은 고스트들은 영매인 주인공이 그들의 억울함이나 원을 풀어주면 험악한 기운이 선량한 기운으로 바뀌어 빛으로 건너가요.

메리 앤 윈코우스키는 역시 영매였던 외할머니 손에 이끌려 어렸을 때부터 장례식장에서 세상을 떠난 고인의 영혼이 본인의 장례식을 지켜본 후 빛으로 건너가는 걸 봤어요. 이런 능력을 발휘해 수사기관이 요청하는 미제 사건의 범인을 알려주기도 하고, 지박령이 빛으로 건너가도록 설득하기도 했어요.

한편 영화 「사랑과 영혼」에서는 동료에 의해 억울하게 죽은 주인공의 영혼이 지상의 연인에게 메시지를 전하기 위해 영매의 도움을 받죠. 주인공은 지하철에 머무는 지박령으로부터 물체를 움직이는 기술을 훈련받기도 하는데, 동전 하나를 움직이기까지는 엄청난 노력이 필요하죠. 육체를 벗어난 영혼은 지상의 물질에 영향을 미치기가 정말 어렵다고 하는데, 그건 육체와 영혼이 머무는 차원이 다르기 때문이에요.

고스트나 악한 영혼이 나오는 영화에서처럼 살아 있는 사람을 조정해 나쁜 일에 이용하는 일은 현실에서 불가능해요. 죽은 다음 귀신이 되어서라도 원수를 갚겠다는 말들도 영화에 자주 등장하는데, 그런 일이 가능하다면 제2차 세계대전 초기에 희생당한 유대인의 원혼들이 힘을 합쳐 일찌감치 나치 수뇌부를 처단해버렸겠죠.

지박령이 전등을 깜빡거리게 하거나 전기 기구를 이용해 사람을 놀라게 하는 경우가 다큐멘터리에서 다뤄지기도 하는데, 대개는 사람들이 모르고 있는 어떤 정보를 전하려고 주의를 끄는 요란한 현상을 일으키는 걸로 해석돼요. 지상의 물질 중 전기가 영혼 상태에서 그나마 영향을 미칠 수 있는 물질이기 때문이죠.

이 세상에서 자신에게 주어진 몫을 충실히 살고 언젠가 수명이 다하면 애착과 염려와 욕망을 훌훌 벗어던지고 빛으로 건너가야 해요.

그런 다음 거기서 쉬면서 재충전의 시간을 가져야죠. 그런데 그렇게 잘 떠나려면 평소에 꾸준히 마음을 훈련해야 해요. 떠나는 모습은 평생 어떻게 살아왔는지를 거울처럼 그대로 비춘다고 하니까요.

「blue sea」_acrylic

3장

사랑하는 사람 떠나보내기

아무도 죽지 않는다면

배우 브루노 간츠가 천사 다미엘로 나온 영화 「베를린 천사의 시」에서 다미엘은 공중곡예사 마리온과의 사랑을 위해 늙지도 죽지도 않는 천사 직분을 버리고 언젠가는 죽을 운명인 인간이 되기를 선택해요.

그리스 신화에 등장하는 티토노스는 새벽의 여신 오로라의 애인인데, 오로라는 제우스 신을 찾아가 인간 티토노스를 영원히 죽지 않게 해달라고 간청해 소원을 이뤄요. 그러나 늙지도 않게 해달라는 부탁을 하지 않은 바람에, 티토노스는 불사의 몸은 되었지만 계속 늙어갔고, 나중에는 흉측한 모습이 되었어요. 오로라는 고민 끝에 인간의 껍질만 남은 티토노스를 매미로 만들어버려요.

앤 라이스Anne Rice의 소설 『뱀파이어와의 인터뷰』에 등장하는 뱀

파이어는 한 번 물려서 흡혈귀가 되면 물렸을 때의 나이가 그대로 유지돼요. 그러나 영원한 젊음을 간직한 뱀파이어는 성장할 기회를 박탈당한 자신의 영생을 저주하고 죽을 운명인 인간을 오히려 부러워하죠.

영국 드라마 「토치우드Torchwood」에서는 어느 날 갑자기 지구상에서 아무도 죽지 않게 되는 사건이 발생해요. 처음엔 사람들이 그날을 '기적의 날'이라고 부르며 좋아하지만, 시간이 지나면서 이것이 축복이 아님을 깨달아요. 그 전까지는 전 세계적으로 매일 30만 명이 사망했는데, 죽는 사람이 없어지자 단 사흘 만에 100만 명의 인구가 늘어났거든요. 또 죽지는 않더라도 질병에는 걸리므로 치료를 받아야 할 일이 생기는데, 중환자실에 입원한 어떤 환자도 죽지를 않으니 빈 병상이 나지 않는 거예요. 결국 입원 치료를 받지 못하죠. 또한 인구 폭발로 식량 부족이 발생해 4개월 뒤에는 사회 체계가 붕괴되고 말아요.

몇 년 전 인터넷 매체인 'e헬스통신'에서 저명한 학술지 『사이언스 Science』에 게재된 포스텍 생명과학과 남홍길 교수팀의 흥미로운 연구 결과를 소개했어요. 식물의 노화와 관련 있는 유전자 3인방인 ORE1 (ORESARA1, 오래살아1), EIN2 그리고 miR164 간의 상호 관계를 조사한 것인데요. 식물이 나이가 들면 노화와 죽음을 피할 수 없도록 프로그래밍되어 있다는 걸 발견했다는 연구였어요. 이 연구는 식물을 대상으로 했지만, 동물이나 사람에게도 적용해볼 수 있겠죠. 우리 인간도 일정 시간을 살면 어느 시점에서는 필연적으로 죽도록 유전자가 설계되어 있을 거예요.

영화 「그린 마일」은 고령의 노인이 교도소의 교도관으로 일하던 젊은 시절을 회상하는 장면으로 시작돼요. 그는 살인 혐의 누명을 쓰고 교도소에 수감된 한 사형수에게 병을 치유하는 특별한 초능력이 있음을 알게 돼요. 이 사형수는 뇌종양을 앓고 있는 교도소장 부인의 병도 낫게 해주지만, 결국 전기의자에 앉아 사형을 당하게 돼요. 그런데 그 순간 사형수의 초능력이 교도관에게 발휘되고, 이후 교도관은 건강을 유지하며 오래 살게 돼요.

그러나 이렇게 오래 살게 된 것을 교도관은 행복이 아닌 저주로 느껴요. 왜냐하면 100세를 넘기며 오래 살아오면서 사랑하는 부인과 아들 그리고 친구들이 죽는 것을 지켜봐야 했고, 혼자 남겨지는 처절한 외로움에 몸서리를 쳐야 했으니까요. 영화에서 그는 매일 밤 먼저 세상을 떠난 사람들을 떠올리며 도대체 얼마나 더 오래 살아야 하느냐고 한탄해요.

2009년 『한겨레』에 실린 칼럼에서 도쿄경제대 서경식 교수는 "부인이 와서 관 덮개를 열고 N 교수 주검과 대면시켜 줬다. 죽은 이의 얼굴은 의외로 평온해 보였다. 그 순간에도 내 속에서 밀고 올라온 것은 슬픔이나 애도의 염이라기보다는 '마침내 어깨짐을 벗었군요.' 하는 위로의 기분이었다. 약간 선망의 기분도 들었다"라고 썼어요. 아마도 자신보다 먼저 고되고 엄중한 지상에서의 임무를 완수하고 떠난 사람에 대한 경외의 감정이 아니었을까 해요.

중환자실로 옮기기 전에

환자 상태가 위중해지면 의료진이 가족들에게 묻죠. "중환자실로 옮기셔야 합니다. 어떻게 하시겠어요?" 순간 가족들은 엄청난 고민에 빠져요. 환자가 사전연명의료의향서에 무의미한 연명치료를 받지 않겠다는 의사를 밝혀놓았다고 해도 갈팡질팡하죠.

젊고 건강했는데 갑작스러운 사고나 질병으로 위중한 경우에는 할 수 있는 모든 조치를 다 하는 게 당연해요. 그런데 말기 질환이고 해볼 수 있는 모든 치료를 다 했지만 회복될 수 없는 상태일 때는 선택을 잘 해야 해요. 중환자실로 옮겨서 연명치료를 끝까지 할 것인가, 아니면 중환자실로 옮기지 않겠다고 의향을 밝힐 것인가를요.

이때 꼭 알아둬야 할 게 있어요. "최선을 다해주세요. 무슨 수를 써서라도 살려주세요"라고 의료진에게 말하면, 환자는 중환자실로 옮겨져 연명치료를 끝까지 받게 된다는 사실을요. 그리고 일단 들어가면 병세가 나아지지 않는 한 마음대로 나올 수 없어요. 대체로 거기서 생을 마감하게 되죠.

이렇게 된 이유가 있죠. 수십 년 전에 있었던 '보라매 사건'의 여파인데요. 환자 본인이 사전연명의료의향서에 연명치료를 다 받겠다고 표시했거나, 가족이 요청해 인공호흡기를 일단 장착하면 중간에 가족들의 생각이 바뀌어 제거를 요청해도 의료인들은 제거할 수 없어요. 자칫 살인방조죄로 고소당할 수도 있거든요.

중환자실에 들어갔을 때의 상황을 살펴보죠. 목에 인공호흡기를 연결하기 위해서는 숨을 쉬는 기도에 플라스틱 튜브를 넣어 기도 삽관을 해야 해요. 이 시술을 받으면 말을 전혀 할 수 없고 고통이 극심해서 본능적으로 튜브를 잡아 빼려고 해요. 그래서 의료진은 두 손을 침대에 묶고 진정제를 주사해요. 계속해서 잠을 자게 하는 거죠. 게다가 기도 삽관을 한 지 오래되면 기관지로 피가 잘 안 돌아서 주변 조직이 썩을 수 있어요. 이때는 목에 구멍을 뚫는 기관지절개술이 행해지기도 해요.

그리고 깊숙이 위치한 동맥에서 검사용 피를 뽑는, 고통스러운 일도 수시로 받고, 심장박동이나 호흡수 측정기의 소음, 가래 뽑아내는 소리, 옆 환자의 신음 소리 등등 소음 한가운데 누워 있게 되는 거죠.

또 전문화된 치료를 위해 가족들의 면회가 하루 한두 번으로 제한돼요. 하루 종일 낯선 의료진과 낯선 환자들에 둘러싸여 있죠. 그러다 상태가 악화되어 임종에 이르면, 사랑하는 가족들과는 작별인사 한 마디 못 한 채 외로운 죽음을 맞는 경우가 많아요.

중환자실 근무 경험이 많은 간호사 한 분은 "중환자실에서 죽는다는 것은 마치 시끄러운 길거리 위에서 죽는 것과 같다"고 말해요.

그러니 자신이 이런 상황이 되면 가족이 어떻게 해주기를 원하는지, 젊고 건강할 때 사전연명의료의향서에다가 본인의 의향을 명확하게 밝혀놓아야 해요. 더 중요한 건, 자신의 의향을 평소 가족들이나 지인들에게 수시로 얘기해두는 거예요.

사랑하는 반려동물을 보내고

저희는 14년간 키우던 반려견을 2009년 가을에 떠나보냈어요. 동물이 떠나는 과정도 사람과 비슷하다는 사실을 그때 알게 되었죠. 세상을 떠나기 얼마 전부터는 좋아하는 음식도 안 먹고, 잠자는 시간이 길어졌어요. 점점 체중이 빠지더니 기운이 없어서 일어서지도 못하게 되었죠. 가족들이 지켜보는 가운데 가쁜 숨을 멈추고 떠났을 때의 슬픔은 말로 표현할 수 없었어요. 커다란 타월로 강보처럼 싸서 차에 싣고 반려동물 화장장에 가서 화장한 뒤 주먹만 한 유골함에 유골을 받아왔어요. 거실 한편 작은 상 위에 유골함과 사진들과 좋아하던 간식으로 추모 공간을 만들어 3주일간 추모한 다음, 뒷산에 묻어줬어요.

1998년 아카데미 특수효과상을 수상한 영화 「천국보다 아름다운」을 보면 주인공인 로빈 윌리엄스가 교통사고로 죽어 사후세계에 도착했을 때, 불치병으로 안락사를 시켰던 반려견이 건강한 모습으로 달려와 안기는 장면이 나와요. 작가와 감독이 사후세계에 대해 자료 조사를 많이 한 것 같았어요. 사후세계에 관한 책들에서 읽었던 내용들이 아름다운 영상으로 묘사되어 있어서 무척 반가웠죠.

『당신도 동물과 대화할 수 있다』를 비롯해 애니멀 커뮤니케이터들이 쓴 책이나, 앞에서 언급한 메리 앤 윈코우스키의 책『어스바운드, 당신 주변을 맴도는 영혼』, 다음 장에서 자세히 다룰 로라 린 잭슨Laura Lynne Jackson이나 리사 윌리엄스의 책을 보면 반려견이나 반려

묘, 경주마를 포함해 동물들도 죽으면 영혼 상태에서 빛으로 건너간다고 쓰여 있어요. 그런데 때로는 건너갈 시기를 놓쳐 지상에 남아 있는 영혼이 있기도 한다는데요. 메리 앤 윈코우스키는 그런 영혼을 보면 빛의 포털을 만든 다음 그 속으로 공을 던져 동물의 영혼이 공을 잡으러 포털로 뛰어들게 한다고 해요.

보는 내내 울다 웃다 했던 영화 「베일리 어게인」은 반려동물의 환생을 다룬 흔치 않은 영화예요. 영화에서 베일리는 베일리라는 이름으로 살았던 견생 1회차 이후 세 번의 환생을 거쳐서 베일리로 살았을 때의 주인에게 돌아와 견생 4회차를 살아요. 베일리는 우리에게 이렇게 조언해요.

"즐겁게 살아! 지나간 일들로 슬퍼하지 말고, 다가올 일로 얼굴 찌푸리지 마. 그저, 지금 이 순간을 사는 거야!"

아름다운 배웅

가족의 죽음이 가까워지면, 귀에 대고 말해주세요. "죽더라도 소멸되지 않아요. 다른 차원으로 옮겨가는 거예요. 두려워하지 말아요. 빛을 따라가세요"라고요. 의식이 없어 보여도 청각과 촉각은 마지막까지 유지된다고 하거든요.

그리고 미처 표현하지 못했던 마음을 전하세요. "고마웠어요. 사랑해요. 서운했던 일 용서할게요. 저도 용서해주세요"라고요. 떠나는 사람이나 남겨지는 사람 모두 감정의 응어리를 그 자리에서 풀어내는 게 정말 중요해요.

숨을 더 이상 쉬지 않고, 심장이 뛰지 않고, 눈에 플래시 빛을 갖다 댔을 때 저절로 동공이 오므라드는 동공반사가 없으면, 의사는 사망했다고 판단하고 사망선언을 해요. 이때 육체를 움직이던 의식체 consciousness 혹은 영혼 spirit, soul은 육체를 벗어나 주변에 머물러요. 사랑하는 가족을 한동안 지켜보기도 하고, 장례식까지 보기도 해요. 생전에 좋아했던 장소를 찾아가기도 하고, 병들고 지친 몸을 벗어나 고통 없는 편안한 상태로 휴식을 취하기도 하죠. 그런 다음 얼마 지나 빛의 세계, 피안, 저승, 사후세계로 건너가요.

미국 버몬트주의 한적한 시골에서 헬렌 니어링 Helen Nearing과 함께 자연과 어우러지는 삶을 산 평화주의자 스콧 니어링 Scott Nearing은 100세가 되자 이제는 떠날 때가 됐다며 음식과 물을 끊고 삶을 마무리해요. 스콧 니어링의 마지막 순간은 헬렌 니어링이 쓴 『아름다운 삶, 사랑 그리고 마무리』에 잘 기록되어 있어요.

> "여보, 이제 무엇이든 붙잡고 있을 필요가 없어요.
> 몸이 가도록 두어요.
> 썰물처럼 가세요.
> 같이 흐르세요.

당신은 훌륭한 삶을 살았어요.
당신 몫을 다했어요.
새로운 삶으로 들어가세요.
빛으로 나아가세요.
사랑이 당신과 함께 가요.
여기 있는 것은 모두 잘 있어요."

천천히 그는 자신에게서 떨어져나가 점점 약하게 숨을 쉬더니 나무의 마른 잎이 떨어지듯이 숨을 멈추고 자유로운 상태가 되었다.

"좋아." 하며 숨을 쉬고 나서 갔다.

나는 보이는 것이 보이지 않는 곳으로 옮겨갔음을 느꼈다.

다음 문장은 스콧 니어링이 생전에 즐겨 읽었던 글귀예요. 이곳에서는 사라지지만 건너간 저곳에 새로 등장한다는 걸 상징적으로 잘 표현하고 있죠.

나는 바닷가에 서 있다. 내 쪽에 있는 배가 산들바람에 흰 돛을 펼치고 푸른 바다로 나아간다. 나는 서서 바다와 하늘이 맞닿는 곳에서 배가 마침내 한 조각 구름이 될 때까지 바라본다. 저기다. 배가 가버렸다.

그러나 나와 함께 서 있던 누군가가 말한다. "어디로 갔지?" 우리가 보기에 배가 작아진 것은 우리 때문이지, 배가 그런 것이 아니다.

"저기 봐, 배가 사라졌다!" 하고 우리가 외치는 바로 그 순간, "저기 봐, 배가 나타났다!" 하며 다른 쪽에서는 기쁜 탄성을 올리는 것이다. 그리고 그것이 우리가 죽음이라고 부르는 것이다.

「pink drops」_watercolor

4장

근사체험

의식의 비국지성 선언

2014년 2월, 미국 애리조나주 투손에 모인 300여 명의 과학자가 18개 조항의 '탈물질주의Post-Materialist 선언'을 발표했어요. 과학이 본래의 모습을 되찾으려면 물질주의에서 벗어나야 한다고 선언한 거예요.

열린 마음으로 자연에서 일어나는 다양한 현상을 관찰하고 이를 설명할 수 있도록 노력하는 것이 과학 본연의 자세인데, 기존의 틀에 맞지 않는다며 무시하고 폐기처분 하려 한다면 그건 과학자의 태도가 아니라고 강조했어요.

그로부터 1년 후인 2015년 9월, 같은 사람들이 같은 장소에 모여 11개 조항으로 된 '의식의 비국지성Nonlocal Consciousness 선언'을 발표했어요.

우리가 죽을 때 실제로 무슨 일이 일어나는지를 알아보고, 그 지식을 임종기 환자를 자비롭고 인도적으로 돌보는 데 적용해서 품위 있는 죽음을 맞이하도록 돕는 것이 이 선언의 목적이에요. '사랑하는 가족이 맞게 될 죽음과 이어서 하게 될 여행journey'을 돕는다는 표현을, 종교가나 철학자, 문인이 아니라 과학자들이 썼다는 게 놀랍죠.

생물학, 신경과학, 심리학 분야의 명망 있는 연구자들과 정신의학 분야의 의사들이 저마다의 전문 영역에서 오랜 기간 관찰하고 연구해온 결과가 서로 공통된 결론에 도달한 걸 확인한 후 함께 모여 이런 선언을 한 거예요.

그리고 이런 결론을 내릴 수 있었던 것은 근사체험, 삶의 종말체험, 사후통신, 영매와 함께 한 실험실 연구, 그리고 어린아이들과 관련된 환생 연구와 같은 다섯 가지 '근거 기반의evidence-based 학문'을 통해서라고 밝혔어요.

한 개인의 주관적인 의견이나 주장이 아니라, 실제로 일어난 일들을 오랫동안 관찰하고 수집해서 결과를 얻어낸 '과학적인' 연구임을 강조한 거죠.

선언문에 '뇌에 국한되지 않는 영구불멸immortal 의식'이라는 표현이 있는데요. 우리 의식은 뇌 같은 특정한 곳이나 특정한 시간에 한정되지 않고 육체의 죽음 뒤에도 계속 존재한다는 의미예요. 의식의 '뇌로부터의' 독립 선언이라고도 할 수 있죠.

의식이 뇌에 국한되지 않는다니, 무척 낯선 얘기죠? 의식은 뇌에서 만들어지고 육체가 죽으면 의식도 사라진다고 굳게 믿어왔는데 말이에요.

수백 년 전, 지구를 중심으로 태양과 모든 행성이 공전한다는 천동설이 폐기되고 지구가 태양 주위를 돈다는 지동설이 진실로 인정되었을 때를 생각해보기로 해요. 의심의 여지가 없는 절대적 진리를 'axiom(액시엄)'이라고 하는데요. 이런 만고의 진리를 부정하고 새로운 주장을 하는 과학자들은 '불경죄'로 종교재판에 넘겨졌고 화형을 당하기도 했죠.

조르다노 브루노 Giordano Bruno가 바로 그랬어요. 그는 '새로운 것에 관한 공허하고 비현실적인 상상에 몰두한다'는 비난을 받았고, 결국 '이단'으로 낙인찍혔어요. 브루노는 베네치아 종교재판소에 고발당해 7년 동안 로마 교황청 감옥에 수감된 상태로 재판을 받아요. 본인의 견해를 철회하라는 종교재판관들의 압력에 끝까지 굴복하지 않자, 교황 클레멘스 8세는 '회개할 줄 모르는 완강한 이단자'라며 1600년 2월에 사형을 선고하죠. 그때 브루노는 재판관들에게 "선고를 받는 나보다 선고를 내리는 당신들의 두려움이 더 클 것이오"라고 말해요.

그는 '무한 우주론'과 '우주 다원주의' 등 현대 우주관의 몇몇 근본적인 측면을 미리 내다본 이론을 제시했어요. 우주를 에테르로 가득 찬 역동적이고 무한한 공간으로 인식했고, 무수한 별이 각자의 행성계를 가지고 있으며, 그 행성들에 지구와 같은 생명체가 존재할 수도 있다고 주장했죠. 그 당시의 '절대 진리'를 넘어서는 파격적인 사상을 집요하게 고수한 결과 끝내 종교재판에 넘겨져 화형을 당했지만, 수백 년이 지난 지금 그의 주장은 진실임이 밝혀지고 있어요.

1920년대에 탄생한 양자역학의 경우 아이작 뉴턴의 고전물리학으로는 도저히 설명되지 않는 미시세계의 현상이 관찰되기 시작했고, 그 원리를 규명하려는 다양한 분야의 자연과학자들에 의해 가설과 증명이 엎치락뒤치락하며 수십 년의 과정을 거쳐오고 있어요.

선언문에 나오는 '뇌에 국한되지 않는 영구불멸 의식'은 '의식의 비국지성'이라고도 표현할 수 있는데, 이는 양자역학의 기본 개념과도 맞닿아 있죠. 이화여대 물리학과 명예교수 김성구 박사의 책 『아인슈타인의 우주적 종교와 불교』에 의식의 비국지성이 명쾌하게 설명되어 있어요.

우리 뇌는 수많은 세월에 걸쳐 생존에 적합하도록 진화되어왔어요. 그러다 보니 뇌가 감지할 수 없는 세계는 아예 존재하지 않는 걸로 아는 경우가 많아요. 우물 안 개구리처럼, 우물 밖의 세계가 분명히 실재하는데도 우물 안이 전부인 줄 아는 거죠. 천동설이 폐기되고 지동설이 당연한 진리가 된 것처럼, 우리의 의식 세계에 대해서도 감춰진 진실들이 점점 더 드러나서 존재의 실체에 다가가게 되리라 생각해요.

지금부터 이 선언을 가능하게 했던 다섯 가지 근거 기반의 의식 과학에 대해 살펴볼게요. 근사체험, 삶의 종말체험, 사후통신, 영매와 함께 한 실험실 연구, 그리고 어린아이들과 관련된 환생 연구 들을 다룬 책에서 그 현상들을 잘 설명해주는 인상적인 사례들을 추렸어요. 근사체험부터 시작할게요.

레이먼드 무디 박사의 근사체험 연구

어떤 남성이 죽어가고 있다. 육신의 고통이 절정에 다다를 때 그는 의사가 내리는 자신의 사망선고를 듣는다. 그에게 귀에 거슬리는 소리가 들려오기 시작한다. 크게 울리거나 윙윙거리는 소리다. 동시에 그는 길고 어두운 터널 속에서 자신이 빠르게 이동하고 있음을 느낀다. 그 후 그는 갑자기 육체에서 분리된 자신을 발견하지만, 여전히 그 주변에 머물러 있고, 마치 구경꾼처럼 좀 떨어진 곳에서 자신의 육체를 바라본다. 그는 평상시와 다른 상황에서 의사의 소생 시도를 바라보며 감정의 격변에 휩싸인다.

잠시 후 그는 마음을 다잡고 보통과 다른 자신의 상태에 익숙해진다. 그는 자신이 아직도 '몸'을 가지고 있지만, 그것은 사뭇 다른 종류의 몸이고 자신이 뒤에 남긴 육체와는 매우 다른 힘을 가지고 있음을 알게 된다.

곧 다른 일들이 벌어지기 시작한다. 다른 사람들이 그를 찾아와 도움을 준다. 그는 이미 사망한 친지나 친구의 영혼을 언뜻 목격하며, 예전에 경험한 적 없는 애정에 찬 따뜻한 영혼—빛의 존재—이 그 앞에 나타난다. 이 존재는 그에게 언어를 사용하지 않고 자신의 삶을 평가해보라고 하면서, 그의 일생에 일어났던 주요 사건들을 순간의 파노라마로 재생해 보여 평가를 돕는다. 어떤 시점에 그는 자신이 분명 현세와 내세를 구분하는 것 같은 일종의 경계 혹은 관문에 접근하고 있다고 느낀다. 하지만 그는 자신이 이승으로 되돌아와야 하며, 아직 죽을 때가 아니라고 느낀다. 이때쯤 되면 그는 이제 내세의 경험에 빠져 돌아가기를 원치 않기 때문에 저항한다. 그는 격한 환희와 사랑, 평화의 느낌에 사로잡힌다. 그런데 의지와 달리 어떻게 된 일인지 그는 자기 육신과 다시 결합해 살아난다.

후에 그는 다른 사람들에게 이런 경험을 말하려 하지만, 문제가 있다고 느낀다. 우선 어떤 인간의 언어도 현세의 일 같지 않은 이런 사건들을 묘사하는 데 적합하지 않다고 생각한다. 또 그는 사람들의 비웃음을 산다는 것을 알고 다른 이들에게 더 이상 말하지 않는다. 하지만 여전히 그 경험은 그의 삶 그리고 특히 죽음과, 죽음과 삶 간의 관계에 대한 자신의 관점에 심대한 영향을 미친다.

위의 글은 '근사체험(또는 임사체험)NDE: Near Death Experience'이라는 용어를 처음으로 만들어 사용한 정신과 전문의 레이먼드 무디Raymond Moody 박사가 근사체험자들이 보고하는 다양한 경험 중에서 15가지 정도의 공통적인 요소를 추려내어 구체화하고 재구성해서 만든 이야기예요. 무디 박사에 따르면 많은 사람이 15개 남짓한 요소 중 8개 이상의 요소를 언급했고, 몇 명은 12개까지 언급했다고 해요.

근사체험은 '일시적인 죽음 체험'이라고도 하고, 최근에는 '사실상의 죽음 체험'이라고도 해요. 심장이 멈추고 호흡이 정지되고 동공반사가 없을 때 사망했다고 하는데, 그런 사망의 정의에 들어맞기 때문이죠. 심폐소생술을 받고 회생한 사람 모두가 근사체험을 하는 건 아니고, 10~25퍼센트가 체험한다고 해요.

무디 박사는 버지니아대학에서 철학 박사 학위를 취득하고, 웨스트조지아대학에서 심리학 박사 학위를 취득한 후 심리학 교수로 재직했어요. 버지니아대학 재학 시절 한 정신과 의사로부터 10여 분간 죽음을 경험하고 돌아온 이야기를 들었는데, 이걸 계기로 근사체험을 연구하기로 하고 조지아 의대에 입학해요. 이후 의학 박사 학위를 취득해 조지아주립병원에서 정신과 의사로 근무했는데, 이때부터 근사체험 연구에 몰두하죠.

10여 년에 걸친 연구 사례들을 정리해서 1975년 『Life After Life: The Investigation of a Phenomenon-Survival of Bodily Death』를 출간했어요. 우리나라에는 2007년 『다시 산다는 것』이란 제목으로 번역,

출간되었고, 2024년에 다시 『죽음, 이토록 눈부시고 황홀한 — 삶이 끝나는 순간 우리는 어디로 가는가?』라는 제목으로 출간되었어요.

앞서 언급했듯이, 근사체험자들의 증언에는 몇 가지 공통 요소가 등장해요.

표현의 한계

15개 남짓한 근사체험 요소 중에서 무디 박사가 중요한 난점으로 든 건 바로 '표현의 한계'예요. 근사체험자들은 한결같이 자신의 경험을 '형언할 수 없는 무엇', '표현 불가능한 것'이라고 했어요. "제가 말하려는 것을 표현할 낱말이 없습니다"라거나, "그 말들은 이것을 묘사하는 데 적합하지 않습니다"라고 말한다는 거죠.

사망 사실의 인지 / 평화롭고 고요한 느낌 / 소음 / 암흑의 터널

담당 의사나 다른 사람들이 자신에게 사망선고 내리는 소리를 들어요. 때로는 임상적으로 사망하지는 않고 치명적인 부상을 입었을 때도 근사체험을 경험하는데, 그때는 사망선고는 듣지 못하겠죠.

또 체험자들은 경험의 초기 단계에서 극도로 유쾌한 느낌을 받았다고 얘기해요. 그리고 여러 가지 청각적 인지가 일어났다고 하는데, 소음을 듣기도 하지만 간혹 풍경 소리 같기도 하고 아름다운 음악 소리 같은 걸 듣기도 했어요.

그때쯤 어떤 암흑 공간 속으로 매우 빠르게 이끌려가는 느낌을 받는데, 체험자들은 이 공간을 '동굴, 우물, 홈통, 둘러싸인 공간, 터널, 깔때기, 진공, 허공, 하수도, 실린더' 등으로 묘사했어요.

체외이탈

근사체험 요소 중에서 특히 유체이탈 또는 체외이탈 경험은 자신을 육체와 동일시하는 보통 사람들에게 놀라움을 줘요. 자신이 '관조자'나 '제삼자'가 된 것처럼, 또는 '연극 무대 위'나 '영화 속'의 등장인물과 사건들을 바라보듯, 육체 밖의 어느 지점에서 자기 육체를 바라보는 거예요.

이 기묘한 상황에 맞닥뜨렸을 때 대응하는 감정은 사람마다 크게 달라서, 자기 몸으로 돌아가고 싶은 열망을 갖기도 하고, 공황 상태 같은 심한 두려움을 느끼기도 하고, 반대로 평온함과 고요함을 느끼기도 해요.

그리고 자신이 한 점의 '순수한 의식'인 것처럼 '공간을 전혀 차지하지 않은 채 주변의 모든 걸 볼 수 있다'고 느껴요. 또 대부분이 '다른 몸', '새로운 몸' 속에 있는 것 같았다고 말하는데, 이 상태 역시 인간 언어로 표현하기에는 한계가 있지만, 무디 박사는 '영체 Spiritual Body'라고 이름 붙였어요.

영체를 경험한 사람들은 그 상태를 '안개, 여러 색깔의 구름, 연기 같은, 수증기, 투명한, 얇은, 에너지 패턴' 등으로 다양하게 묘사하면서도, 한결같이 사람의 형상과 비슷한 '특별한 어떤 것'이라고 얘기했어요.

육체를 이탈하고 나면, 타인에게 아무리 자신이 처한 상태를 말하려 해도 아무도 그 말을 알아듣지 못하고 영체 상태의 자신 역시 타인에게 보이지 않는다는 걸 발견해요. 주변의 사물을 쉽게 통과하고, 어떤 사물이나 사람도 움켜쥘 수 없었다고 해요.

또 '부유', '무중력', '떠다니는 느낌'으로 몸이 천장이나 허공으로 떠오르는 순간, 영체에 무게가 없다는 걸 알아요. 다른 장소로 이동하는 것은 극도로 신속하게, 거의 순간적으로 일어나요. 우리의 시간 개념을 벗어나는 '초시간성' 상태죠.

한편, 육체에 있을 때보다 정신이 맑아져서 명료하고 신속하게 사고할 수 있었다는 증언도 있어요. 후각 같은 감각은 못 느꼈지만, 시각이나 청각에 상응하는 감각은 더 예리해지고 완전해졌다고 해요. 다만 청각은 물질계의 소리가 실제로 들리는 것은 아니고, 주변 사람들의 생각을 잡아내는 것 같았다고 했어요. '사고의 직접 전이'가 일어나는 거죠.

다른 영들과의 해후

이런 상태에서는 다른 이들을 보고 그들의 생각을 완전하게 이해할 수 있지만 자신의 영체는 그들에게 인지되지 않기 때문에, 소통의 단절에서 오는 고립감과 고독감이 생겨나요. 그러나 더 깊은 근사체험 단계로 들어가면 그런 외로움은 곧 사라져요. 생전에 알던 사망한 친지나 친구의 영혼이 찾아와 도움을 주기 때문이죠. 간혹 알지 못했던 '부정형'의 영혼이 찾아오기도 하는데, '영적 원조자' 또는 '수호 영혼'이라고 불리는 존재들이에요. 체험자는 그 영적 존재들로부터, 그들이 아직 죽지 않았으며 되돌아가야 한다는 목소리를 들어요.

빛의 존재

이 연구에서 무디 박사가 가장 믿기 힘들고 개인에게 가장 심대한 영향을 미친다고 여긴 요소는, 체험자들이 매우 밝은 빛을 만났다는 사실이에요. 이 빛은 처음 나타날 때는 어둑하지만 이내 이 세상 것 같지 않게 밝아진다고 해요. 이 빛은 희거나 투명하다고 느껴지는데, 그렇다고 이 빛이 눈을 부시게 해서 주변 사물을 못 보게 하는 건 아니에요.

체험자들은 이 빛을 명확한 인격을 가진 존재처럼 묘사해요. 이 존재에게서 뿜어져 나오는 사랑과 온기는 말로 표현할 수 없고, 체험자는 그 빛에 온통 둘러싸여 완전히 평온하고 포용받는 느낌을 받는다고 해요. 마치 자석과 같은 끌림을 느껴서 저항할 수 없는 거죠. 그 존재가 무엇인가는 종교와 신념과 교육에 따라 다소 차이가 있지만, 공통적으로는 '사자'나 '안내자'로 이해해요.

그 존재는 나타나자마자 체험자와 소통하기 시작하는데, 말소리가 아닌 직접적인 전이가 일어나고, 막힘없는 이런 소통은 아주 명확해서 오해의 소지나 거짓이 통하지 않아요. 더구나 체험자가 써온 언어를 사용하는 게 아닌데도 완벽하게 이해하고 순간적으로 인지해요.

빛의 존재는 거의 순간적으로 특정한 생각을 체험자에게 보내는데, 체험자들은 그 생각을 이런 질문들로 이해했어요. "죽을 준비가 되었는가?", "당신에게 가치 있었던 일은 무엇인가?", "자신을 사랑하는가?", "돌아가서 당신이 시작한 걸 완수하는 게 좋지 않겠는가?"

그런데 이 비언어적인 질문에서 추궁하거나 비난하거나 위협하려는 의도를 전혀 느낄 수 없었다고 해요. 대답이 무엇이든 여전히 그 빛에서 나오는 온전한 사랑과 이해와 포용을 느꼈기 때문이죠. 심지어 유머러스하다고도 느껴요. 빛의 존재는 어떤 정보를 얻으려고 질문하는 게 아니고, 체험자들 스스로 자신의 생을 돌아보고 성찰하도록 유도하려는 거죠.

반추

체험자의 인생을 시각적 이미지의 파노라마로 보여주는 플래시백은 보통의 기억과는 달라요. 놀랄 만큼 빠르게 진행되고, 하나의 기억이 시간 순서에 따라 신속하게 다른 기억에 뒤따라요. 모든 게 눈 깜짝할 사이에 나타났고, 명멸하듯 빠르게 스쳐 지나가는데도 체험자들은 마음의 눈을 통해 언뜻 보는 것만으로 모든 걸 지각하고 인식해요. 그와 관련된 감정과 느낌까지도 다시 경험하면서요. 그런데도 그 이미지는 생생하고 현실감 있었고, 어떤 건 삼차원적이고 움직이기까지 했어요.

반추 과정에서 과거에 행한 모든 걸 보기도 하고, 또는 삶에서 가장 중요한 것만 보기도 하는데요. 체험자들은 그때 빛의 존재가 삶에서 두 가지를 강조하는 것 같았다고 해요. 타인을 사랑하는 법과 지식을 습득하는 것.

경계 또는 한계

체험자들 일부는 근사체험을 하는 동안 일종의 경계나 한계라고 할 수 있는 곳에 접근하는 것 같았다고 해요. '수역, 잿빛 안개, 문, 들판을 가로지르는 울타리, 선'의 형태로 느끼죠.

귀환

체험의 어느 시점에 '되돌아와야' 했던 거의 모든 체험자는 자기 육체로 귀환하기를 원하지 않고, 심지어 거부까지 해요. "나는 결코 그 존재 곁을 떠나고 싶지 않았습니다." 빛의 존재를 만날 정도로 깊이 경험하고 나면 체험 초기와는 생각이 달라지는 거죠.

그럼에도 귀환한 건, 아이들을 키워야 한다는 의무감, 마무리하지 못한 중요한 일에 대한 욕구나 사명감 때문이었어요. 간혹 주변 사람들의 간절한 기도에 끌려 내려왔다는 경우도 있었어요. 그리고 귀환할 때는 근사체험 초기에 통과한 어두운 터널을 거슬러 다시 빠르게 이끌려왔다고 기억해요. 하지만 잠이 들었거나 의식불명 상태에 빠졌다가 깨어난 것으로 생각하는 경우가 많았어요.

주변 사람들의 반응

무디 박사는 근사체험자들이 그 경험의 진실성과 중요성에 대해 전혀 의구심을 갖지 않는다는 점을 강조해요. 이들은 "제 경험의 어떤 것도 날조하지 않았습니다. 내 정신 상태가 그렇지 못했답니다", "나를 죽음에 이르게 한 사고가 나기 오래전 병원에서 진통제로 코데인을 주입했을 때 환각을 경험한 적이 여러 번 있었는데, 근사체험은 그 환각과는 전혀 달랐습니다" 등과 같이 증언했어요.

무디 박사는 이 체험자들이 꿈과 환상을 현실과 구분할 충분한 능력이 있는 사람이며, 정상적이고 균형 잡힌 사람들이라고 봤어요. 이들은 자기 경험이 꿈이 아니라 실제로 자신에게 일어난 사실이라고 말했어요.

그러나 이 경험을 사람들에게 말하면 환각을 본 거라고 하거나, 지어낸 얘기라고 하거나, 심지어 미친 사람 보듯 할 것임을 알고서 대부분은 가까운 몇 사람에게만 밝히거나 아예 침묵해요. 이런 불신과 이해 부족이라는 현실의 벽에 부딪혀 오랫동안 혼자만 간직했던 경험을 다른 사람들도 경험했다는 걸 알면, 다들 크게 안도하죠.

삶에 미치는 영향

체험자들은 이후 생활 태도나 삶에 대한 인식에서 미묘하고 조용한 변화를 겪어요. 삶이 확장되고, 철학적으로 깊이 성찰하죠. "사물을 잘 이해하게 되었다", "삶이 더욱 소중해졌다", "완전히 새로운 세상이 열렸다", "의미 있거나 마음과 영혼이 즐거워지는 행위를 하려고 노력하게 되었다"고 해요. 또 편견을 갖지 않으려고 하며, 사람들을 섣불리 판단하지 않으려는 태도를 보였어요.

일부 체험자는 '영혼의 개념'과 '육체에 대한 영혼의 상대적 중요성'에 대한 생각이 많이 변했다고도 했어요. "체험 전에는 육체가 주된 관심사였고, 마음에서 일어나는 생각은 그냥 일어나는 것일 뿐 별 관심이 없었죠. 그런데 체험 후 육체는 영혼을 담는 무언가일 뿐이라고 생각하게 되면서 영혼이 우선 관심사가 되었어요."

또 소수의 사례에서는 체험 이후로 심령술사에 가까운 직관력을 갖게 되었다고 말해요. 이들은 "사람들이 곤란한 일을 겪을 때 내가 그들을 순식간에 안정시키는 효과가 있다고들 말해요", "다른 사람들의 삶에 필요한 것을 감지하게 되었고, 어떤 도움을 필요로 하는지 알 수 있었어요", "다른 사람들의 생각과 마음의 동요와 분노를 읽을 수 있게 되었어요"라고 설명했죠.

근사체험으로 얻게 된 '교훈'은 놀랄 만큼 진술들이 비슷했어요. 현실 세계에 사는 동안 타인에게 깊은 사랑을 베풀도록 배우고 노력해야 한다는 거였죠. 지식 추구의 중요성도 강조했어요. 한 여성은 체험 이후 자신에게 찾아온 모든 교육의 기회를 활용했죠. 그들은 체험 중에 지식 습득이 사후에도 계속된다는 암시를 받은 거예요. "아무리 나이가 많아도 공부를 멈추지 말아야 합니다. 이것은 영원히 계속될 과정이니까요."

그렇다고 해도 무디 박사와 면담한 체험자 누구도 자신이 도덕적으로 완전해졌다고는 말하지 않았어요. 여전히 바른길을 찾아 헤매고 있으며 아직도 노력하는 중이라고 얘기해요. 근사체험이 즉각적인 구원이나 도덕적인 무결성을 주지는 않는 거죠. 다만 크게 변화된 점은, 새로운 목표와 도덕적 원칙을 갖게 되었다는 거예요.

새로운 삶의 관점

체험자들은 더는 죽음을 두려워하지 않는다고 말해요. 그런데 이 말을 제대로 이해해야 한다고 무디 박사는 강조해요. 죽음 자체가 두렵지 않다는 것일 뿐이고, 죽음을 바라거나 추구하지도, 또는 자살을 택하지도 않아요. 이들 모두 아직 여기서 하고 싶은 일과 해야 할 일이 있다고 생각하죠.

열 살 때 근사체험을 경험한 한 체험자는 노년에 이른 지금까지 많은 일을 겪었는데, 누군가 총을 자기 관자놀이에 갖다 댔을 때도 별로 두렵지 않았다고 해요. "저들이 나를 죽여도 난 다른 곳에서 여전히 살고 있을 텐데 뭐." 하는 생각이 들었다는 거죠. 또 한 체험자는 장례식에 가서도 침울해하지 않게 되었다고 해요. 고인이 거쳐갈 길을 알기 때문이죠.

죽음이 두렵지 않은 이유는 근사체험 이후 육체는 죽어도 혼은 죽지 않는다는 사실에 어떤 의심도 하지 않게 되었기 때문이죠. 엄연히 직접 경험한 사실이니까요. 그래서 죽음을 '한 상태에서 다른 상태로 옮겨지는 이행'이나 '의식 또는 존재의 더 높은 경지로 돌입하는 것'으로 묘사해요. 그리고 죽어서 먼저 세상을 떠난 친지들의 마중을 받는 걸 '귀향'에 비유해요. 근사체험 중 자신의 삶을 돌아보는 과정도 일방적인 심판이나 상벌이 아니라 자아 인식이라는 궁극적인 지향점으로 가기 위해 서로 협동하는 과정으로 봐요.

무디 박사는 근사체험 연구를 통해, 사랑과 지식이라는 영적 능력의 발전은 죽음 이후에도 멈추지 않으며, 육체에 깃들어 있는 동안에는 '희미하게' 엿볼 수밖에 없다는 걸 알게 되었다고 해요.

죽음학의 효시, 엘리자베스 퀴블러 로스

엘리자베스 퀴블러 로스(1926~2004) 박사는 사람들이 상실을 겪을 때 보이는 반응의 다섯 단계 이론 — 부정, 분노, 타협, 우울, 수용 — 으로 널리 알려져 있죠. '자녀 잃은 부모의 희망 안내서'라는 부제가 붙은 『아주 가까이 죽음을 마주했을 때』를 비롯해, 『인생 수업』, 『상실 수업』, 『사후생』, 『죽음과 죽어감』, 『생의 수레바퀴』 등 죽음이나 사별, 애도에 대한 책을 많이 썼어요.

퀴블러 로스 박사는 수많은 어린이 환자의 죽음과 근사체험을 지켜보면서 "인간의 육체는 영원불멸의 자아를 둘러싼 껍질에 지나지 않는다. 따라서 죽음은 존재하지 않으며, 다른 차원으로의 이동이 있을 뿐이다"라고 일관되게 얘기했어요. 그리고 근사체험은 환자의 연령, 성별, 인종, 종교의 유무나 종류와는 전혀 상관없다는 사실을 오랜 연구 끝에 알게 돼요. 이런 일관된 견해를 동료 의사들은 믿지 못했는데, 그럴 때면 로스 박사는 "상관없다. 당신도 죽을 때 다 알게 된다"라고 말했다죠.

퀴블러 로스 박사는, 모든 인간에게는 출생에서 육체적인 존재를 끝내는 변화의 순간까지, '수호천사'라고도 부르는 영적인 안내자가 곁에 있다고 얘기해요. 죽어가는 사람의 나이가 많든 적든 가까이에 존재하며 삶에서 죽음 이후의 삶으로 '변화'하는 걸 도와주려고 기다리고 있다는 거예요.

그 '변화'란 어떤 것일까요? 애벌레에서 번데기 형태를 거쳐 나비가 되는 '변신'의 과정은 모든 생명이 거치는 성장과 죽음의 과정을 상징적으로 잘 보여줘요. 흉해 보이는 모든 생명체의 주검은 나비로 변신하기 전의 번데기와 같은 단계에 빗대어볼 수 있죠.

나비의 애벌레는 나뭇잎을 먹고 몸이 커질 때마다 딱딱한 껍질을 벗는 탈피 과정을 여러 번 거친 다음, 애벌레의 본성을 버리고 나비가 되기 전의 마지막 단계인 번데기가 돼요. 그렇게 죽은 것처럼 나뭇잎에 매달려 있던 번데기는 보름쯤 지나 껍질이 벌어지면 고치 안에 접혀 있던 날개를 펴고 하늘로 날아오르죠. 애벌레에서 나비로 변신한 거예요.

영화 「거울나라의 앨리스」의 끝부분에 흥미로운 장면이 나와요.

"압솔렘! 왜 거꾸로 매달려 있어?"

"내 이번 생은 끝났거든."

"죽는 거야?"

"변신하는 거지."

"즐복한 여행 되길! 운 좋으면 다음 생에서 보자고."

얼마 후 푸른 날개를 가진 나비로 변신한 압솔렘이 앨리스의 어깨 위에 앉자 앨리스는 고개를 돌려 나비에게 인사해요.

"안녕, 압솔렘."

인사를 들은 압솔렘은 날개를 활짝 펴고 하늘로 날아올라요.

네덜란드의 근사체험 연구

2001년 의학 학술지 『랜싯Lancet』에 근사체험에 대한 기념비적인 연구가 실렸어요. 「심박동 정지 후 회생한 사람의 근사체험: 네덜란드에서의 전향적 연구」라는 제목이었죠. 핌 반 롬멜Pim Van Lommel 박사가 중심이 되어 네덜란드의 여러 병원에서 많은 근사체험자를 대상으로 진행한 연구였어요.

『랜싯』은 1823년 영국에서 창간된 학술지인데요. 이 학술지에 실린 논문이 전 세계 학자들에 의해 얼마나 많이 인용되었는지를 보여주는 객관적 지표인 피인용지수impact factor가 2021년 기준 200점이 넘었어요. 전 세계에서 발간되는 107종의 의학 학술지 중 3위를 차지한 거예요. 이런 전통 있고 권위 있는 학술지에 근사체험에 관한 학술논문이 게재된 것은 의미심장한 일이죠.

연구자들은 심폐소생술로 다시 살아난 344명을 조사했는데, 18퍼센트인 62명이 근사체험을 경험했다는 것과, 그들이 근사체험의 열 가지 요소 중 최소한 한두 가지를 경험했다는 걸 알게 되었어요.

근사체험의 열 가지 요소는 미국 코네티컷대학 심리학과 교수인 케네스 링Kenneth Ring이 제창한 개념이에요. 위 연구에서 근사체험을 한 대상자들은 저마다 긍정적인 감정을 느낌(56%), 자신이 죽었다는 것을 인식함(50%), 이미 세상을 떠난 가족, 친지를 만남(32%), 터널을 통과함(31%), 천상의 풍경을 관찰함(29%), 체외이탈을 경험함(24%), 밝은 빛과 교신함(23%), 색깔을 관찰함(23%), 자신의 생을 회고함(13%), 삶과 죽음의 경계를 인지함(8%)을 경험했다고 응답했어요.

연구자들은 근사체험이 체험자들의 삶에 어떤 영향을 미쳤는가를 2년 뒤와 8년 뒤까지 조사하는 전향적인 연구를 진행했어요. 병원에 있던 의무기록을 사건이 일어나고 한참 후에 찾아서 시작하는 후향적인 연구는 여러 가지 오류 개입의 가능성이 크지만, 전향적인 연구는 미리 철저한 계획서를 작성해놓고 시작하므로 훨씬 신뢰할 만하죠.

이 연구에서는 근사체험자 23명과 심폐소생술로 소생하기는 했지만 근사체험을 하지 않은 15명을 비교했어요. 무경험자에 비해 근사체험자는 다른 사람에 대해 친절해지고, 공감과 이해를 더 잘하게 되었으며, 인생의 목적을 더 잘 이해하고, 영적인 문제에 더 관심을 가지게 되었어요. 또 죽음에 대한 두려움이 큰 폭으로 감소하고, 사후생에 대한 믿음과 일상사에 대한 고마운 마음이 많이 커졌어요. 몇 분밖에 안 되는 짧은 순간의 체험이 8년 뒤까지도 큰 영향을 준 거죠.

붉은 얼룩이 묻은 줄무늬 넥타이

미국 버지니아 의대 정신의학과 신경행동과학 명예교수인 브루스 그레이슨Bruce Greyson도 인턴 때 이와 비슷한 체험을 목격한 후 50여 년에 걸쳐 근사체험에 대한 연구를 진행해나갔어요. 그리고 그 긴 연구 과정과 결과를 담아 2021년 『애프터 라이프』를 출간했어요.

홀리라는 여성이 약물 과다 복용으로 의식을 잃고 응급실에 실려 왔을 때, 그레이슨은 구내식당에서 포크로 말아 올린 스파게티를 입에 막 넣으려던 참이었어요. 허리띠에 찬 호출기가 요란하게 울리자 깜짝 놀란 그는 포크를 접시에 툭 떨어뜨렸고, 테이블에 펼쳐놓았던 응급정신의학 편람과 줄무늬 넥타이에 토마토소스가 튀었어요. 젖은 냅킨으로 소스를 닦아내려고 하자 오히려 넥타이의 얼룩은 더 커졌죠. 시간이 없었기 때문에 의자 뒤에 걸어둔 하얀색 실험실 가운을 도로 입고, 맨 위까지 단추를 채워 넥타이 얼룩을 가린 다음 응급실로 달려갔어요. 응급처치 후 병실로 옮겨진 홀리는 여전히 깨어나지 않은 상태였고, 그레이슨은 홀리의 기숙사 룸메이트 수전과 병실 밖 복도 끝의 소파에 앉아 이야기를 나눴어요.

다음 날 병실로 찾아갔을 때 홀리는 의식이 돌아와 있었는데, 그레이슨에게 황당한 얘기를 했어요. 홀리는 그레이슨을 이미 알고 있다면서, 병실에서 본 게 아니고 복도 끝 소파에 앉아 수전과 이야기 나누는 걸 봤다고 했어요. 홀리는 수전과 나눈 대화 내용을 그대로 다시 들려줬고, 수전이 서성거리고 그레이슨은 선풍기를 옮겨놓은 일까지 하나도 틀리지 않고 구체적으로 묘사했어요. 홀리는 그때 분명 의식을 잃은 채 죽은 듯이 병실 침대에 누워 있었는데 말이죠.

그리고 그레이슨의 목덜미 머리카락이 쭈뼛 서고 소름이 돋는 말을 했어요. "선생님은 붉은 얼룩이 묻은 줄무늬 넥타이를 매고 계셨잖아요."

당시는 '나는 내 육체다'라는 것을 철석같이 믿던 시절, 더구나 육체에서 분리된다는 게 뭔지 상상도 할 수 없었던 1970년대였어요. 그때까지 듣도 보도 못했던 일을 겪은 그레이슨은 그 일을 자기 아내한테도 말하지 못한 채 묻어둘 수밖에 없었죠. 그러나 그런 일이 도대체 어떻게 일어날 수 있는지에 대한 의문을 풀기 위해, 50여 년에 걸쳐 수많은 근사체험자의 경험을 수집하고 연구한 거예요.

케네스 링과 친절 바이러스

근사체험 연구에서 케네스 링 교수를 빼놓을 수 없죠. 미국 코네티컷대학 심리학과 교수로서 30년 넘게 학생들에게 근사체험에 대해 가르쳤어요. 강의를 들은 학생들은 직접 체험하지 않았는데도 근사체험자에게 일어나는 삶의 변화를 마찬가지로 겪었죠. 다른 사람을 배려하고, 삶의 의미를 찾게 되고, 죽음에 대한 두려움이 감소한 거예요.

케네스 링 교수는 근사체험을 '친절 바이러스Benign Virus'라고 불러요. 왜냐하면, 이를 알게 된 사람은 근사체험을 직접 하지 않았어도 마치 바이러스에 감염된 것처럼 체험자와 비슷한 긍정적인 영향을 받기 때문이에요.

그런 변화를 저나 주변 사람들한테서도 발견해요. 한 중견기업의 대표는 평소 까칠한 편이었다는데, 죽음학 강의를 들으며 펑펑 울고 난 뒤로는 직원들을 대하는 태도가 한결 부드러워지고 자상해졌다고 했어요.

나비 날개 위의 소녀

『나는 천국을 보았다』의 저자인 이븐 알렉산더Eben Alexander 박사는 하버드 의대에서도 근무했고 자신의 전공 분야에서 많은 성취를 쌓은 신경외과 의사예요. 대체로 신경외과 의사들은 뇌가 의식을 만들어낸다고 믿죠.

그런데 알렉산더 박사는 2008년 11월에 희귀한 세균성 수막염으로 혼수상태에 빠지게 되고 뇌사상태라는 진단을 받아요. 정상적인 뇌는 맑고 투명하며 무균상태를 유지하는 뇌척수액에 둘러싸여 둥둥 떠 있는데, 이 뇌척수액이 어떤 문제로 대장균에 오염되면서 뇌가 고름주머니에 둘러싸인 상태가 된 거죠.

이때 근사체험을 경험해요. 한 소녀가 나비 날개에 자신을 태워 안내해준 거예요. 알렉산더 박사는 극적으로 살아난 다음, 그 소녀가 수년 전에 죽은 자신의 친여동생이라는 사실을 알게 돼요.

알렉산더 박사의 친부모는 대학생일 때 그를 낳았고 본인들이 키울 수 없어 입양을 보냈어요. 이후 두 사람은 결혼하여 자녀를 더 낳고 가정을 이뤘죠. 하지만 알렉산더는 입양된 후 친부모와 가족을 만날 기회가 없었고, 소식을 들을 기회도 전혀 없었어요. 여동생이 있다는 것도 당연히 몰랐고요.

그는 세균성 수막염으로 뇌사상태에 빠졌다가 기적적으로 깨어난 후 어렵게 친부모를 수소문해 그 집을 방문해요. 아기 때 헤어진 후 처음 만난 거였죠. 그런데 거실 선반에 놓인 사진 액자 속에서 다정하게 웃고 있는 여성을 본 순간, 자신이 근사체험을 하는 동안 나비 날개에 자신을 태워 안내해줬던 소녀라는 걸 깨달은 거죠. 여동생은 몇 년 전 세상을 떠났다고 했어요. 살아 있을 때 한 번도 만난 적이 없는 여동생의 영혼이 체외이탈 중인 의식체 상태의 자신을 마중 나와 친절하게 안내해준 거예요.

알렉산더 박사는 뇌사상태에서 극적으로 다시 살아난 이후로 "나는 죽었지만 영혼은 살아 있었다"며 뇌가 작동을 안 해도 의식은 엄연히 존재한다고 말했죠. 하지만 자기 경험을 동료 의사들과 나누려고 해도 의사들은 그러고 싶어 하지 않는다며 아쉬워해요. 그러면서 자신도 이처럼 '심오한' 체험을 직접 하지 않았다면 그들과 마찬가지로 영혼이나 사후세계를 받아들이지 못했을 것이고, 뇌를 벗어난 의식체의 존재 가능성에 대해서도 믿기 어려웠을 거라고 얘기해요.

자신이 겪은 근사체험을 기록한 『나는 천국을 보았다』가 출간되자 전 세계 수많은 사람으로부터 자신도 비슷한 경험을 했다는 메일이 쏟아져 들어왔고, 알렉산더 박사는 이 메일들과 자신이 조사하고 탐구한 자료들을 모아 『나는 천국을 보았다 두 번째 이야기』를 출간했어요.

미국인 외과 의사가 살아나서 한 말

2012년 11월 한국 여의사회 초청으로 죽음학 강의를 한 후 질문 시간에 의사 한 분이 친구의 경험담을 제보해줬어요. 그 친구는 우리나라에서 의대를 졸업한 후 미국으로 건너가 대형 병원에서 심장 수술 마취를 담당했는데, 수술을 집도하는 외과 의사가 평소 동양인을 비하해서 이 한국인 의사도 늘 무시를 당했다고 해요.

그러던 어느 날 바로 그 외과 의사의 심장이 멎는 응급 사태가 발생했어요. 의료진이 달려들어 심폐소생술을 했지만 30분이 지나도 반응이 없자 다들 포기하려고 했죠. 그때, 이 한국인 의사가 심폐소생술을 더 해보겠다고 자청했어요. 혼자 비지땀을 흘리며 심폐소생술을 20여 분 더 했을 때 의사의 심장이 다시 뛰기 시작했고, 의사는 다시 살아났어요.

그런데 이 심장외과 의사가 살아나서 하는 말이 놀라웠죠. 심장이 멎어 심폐소생술을 받는 중에 체외이탈을 했다는 거예요. 응급 현장의 공중에 붕 떠서 모든 광경을 지켜봤다고 했어요. 내려다보니 자기 친구들인 미국인 의료진은 심폐소생술을 거의 흉내만 내는 것 같았고, 오히려 자신이 늘 무시하던 한국인 마취과 의사가 온 힘을 다해 심폐소생술을 하더라는 거죠. 그래서 회생한 후에는 한국인 의사가 자신을 살렸다며 그를 대하는 태도가 180도 달라졌다고 해요.

이런, 내가 죽었잖아!

의사가 직접 경험한 근사체험 사례가 또 있어요. 2011년 3월 KBS 「금

요기획」 '죽음에 관한 세 가지 시선'에 소개된 일이에요.

미국 뉴햄프셔주에 살고 있는 의사 토니 시코리아Tony Cicoria는 공중전화 부스에서 전화 수화기를 얼굴 가까이 들고 있었어요. 이때 부스에 번개가 내리쳤고, 커다란 섬광이 수화기에서 뻗어 나와 토니의 얼굴을 때렸어요. 평소 논리적이고 이성적인 토니로서는 그 뒤에 일어난 일을 이해할 수 없었는데, 장모님이 토니를 향해 달려오더니 자신을 그냥 통과해서 지나가더라는 거예요. 장모님이 어디로 가는지 보려고 뒤를 돌아봤는데, 바닥에 자신이 누워 있었죠. "이런, 내가 죽었잖아!"라고 생각했어요. 한 간호사가 자신에게 심폐소생술을 시도하는 동안 토니는 사람들을 볼 수 있고 그들의 이야기를 들을 수 있었지만 그들은 자신을 보거나 자신의 이야기를 듣지 못했어요. 토니가 필사적으로 소리치는데도 말이죠.

심폐소생술로 다시 살아난 토니는 생전 연주해본 적 없는 피아노를 능숙하게 연주하게 되었고, 계속 귓가에 맴도는 장엄한 멜로디로 작곡도 했다고 해요.

「호텔 캘리포니아」

의료 현장에서 일어나는 근사체험 사례는 무척 많아요. 그중에서도 미국 공영 라디오 NPR과 영국 공영 방송 BBC에서 소개한, 뇌동맥류에 의한 실어증 때문에 수술을 받은 팸 레이놀즈의 체외이탈 사례는 무척 인상적이에요.

수술진은 심장을 멈추게 하고 기계로 체외순환을 시키며 뇌 수술을 진행했는데, 심장이 정지되어 있고 뇌파도 없는 상태에서 팸 레이놀즈의 의식체가 몸을 빠져나와 자신이 수술받는 광경을 모두 지켜본 거예요. 팸 레이놀즈가 수술에서 깨어난 후 묘사한 내용은 아주 구체적이었어요. 수술 도구들의 생김새, 스무 명의 수술진이 주고받은 대화 내용을 정확하게 기억했고, 수술장에 틀어놓았던 음악의 제목이 이글스의 「호텔 캘리포니아」였다는 것까지 기억했죠.

근사체험에 대해 연구하고 있는 심장 전문의 마이클 사봄Michael Sabom 박사는 팸 레이놀즈의 수술을 집도했던 신경외과 의사를 직접 찾아가 당시 상황을 물어봤는데, 그녀가 수술받는 동안 체외이탈을 해서 보고 들은 내용들이 모두 사실이라는 걸 확인할 수 있었어요.

내가 죽던 날

요즘은 유튜브에서 근사체험을 경험한 사람들의 영상을 많이 접할 수 있지만, 10여 년 전만 해도 그런 영상들은 좀처럼 접하기가 어려웠어요. BBC 다큐멘터리 「내가 죽던 날The Day I Died」에 소개된 한 선천성 시각장애인의 체험은 뇌가 시각적인 정보를 제공하지 않아도 의식은 활동할 수 있다는 걸 보여줘요. 의식은 뇌에 국한되지 않는다는 '의식의 비국소성'을 확인하게 해주는 사례죠.

이 여성은 태어날 때부터 앞을 볼 수 없었는데, 빛이며 그림자 그 어느 것도 보이지 않고, 꿈에서도 맛, 감각, 소리, 냄새는 느낄 수 있지만 시각적인 이미지는 나타나지 않는다고 해요. 그런데 스무 살 때 교통사고로 심한 부상을 입고 병원 응급실에 실려온 후 심장이 정지하고 호흡이 멎어서 심폐소생술을 받아요. 그러는 중에 체외이탈을 하죠.

"기억나는 건 정신을 잃고 병원에 실려갔을 때 저를 처치하는 과정을 전부 지켜봤던 일이에요. 두려웠어요. 앞이 보인 적이 없어서 보는 것에 익숙하지 않았거든요. 그래서 잔뜩 겁을 먹었죠. 그러다 결혼반지와 머리 모양을 본 순간, '저건 나잖아? 내가 죽은 건가?' 하는 생각이 들었어요. 응급실 의사들이 제 심장이 멈췄다고 외치며 필사적으로 애를 쓰는 동안 몸에서 분리되는 느낌이 들었고, '왜들 저렇게 난리인가?' 하면서 나가야겠다고 생각했죠. 그 순간 천장을 통해 밖으로 나갔어요. 아무렇지도 않게요. 부딪힐 걱정도 없고 몸이 자유로워서 좋았어요. 갈 곳이 정해져 있었죠. 풍경 소리가 들렸는데 너무나 아름다운 소리였어요. 낮은 톤에서 높은 톤까지 다양한 소리가 났죠. 그곳엔 나무와 새, 그리고 사람이 몇 명 있었는데 그들의 몸은 놀랍게도 빛나고 있었어요. 너무나 아름다운 광경에 완전히 압도당했어요. 그 전엔 빛이 어떤 건지 상상도 못 했거든요. 지금도 그때를 생각하면 가슴이 벅차요. 그동안 눈이 안 보여서 궁금했던 모든 걸 해소할 수 있었으니까요. 그곳엔 제가 알고 싶었던 것들이 가득했어요. 몸 안으로 다시 돌아오자 무거움과 극심한 고통이 느껴졌어요."

비로소 삶의 의미를 찾다

'암, 임사체험, 그리고 완전한 치유에 이른 한 여성의 이야기'라는 긴 부제가 달린 『그리고 모든 것이 변했다』에는 저자 아니타 무르자니 Anita Moorjani가 4년간의 암 투병 끝에 몸의 기능이 멈췄던 30시간 동안 겪은 근사체험이 기록되어 있어요.

그녀는 근사체험 중에 돌아가신 아버지를 만나 자신이 얼마나 두려움에 갇혀 살았는지, 자신을 얼마나 사랑하지 않았는지 알게 돼요. 또 우리 모두 서로 연결되어 있다는 것과 삶에서 가장 중요한 건 자기 자신으로 사는 일이라는 걸 비로소 깨달아요.

형언할 수 없게 아름다운 그곳에 계속 머무르고 싶었지만, 세상에 아직 해야 할 일이 남아 있다는 걸 받아들이는 순간 다시 몸으로 돌아왔는데, 며칠 후 놀라운 일이 일어나요. 병원에서 검사를 받았는데 암세포가 씻은 듯이 사라진 거예요.

몇 년 전 우리나라 한 유튜버가 아니타 무르자니와 영상 인터뷰를 했어요. 근사체험을 한 지 10여 년이 지나는 동안 그때 얻은 깨달음대로 자기 자신으로 살기 위해 노력해온 그녀의 메시지는 더 명확해졌고, 생생하게 살아 있었어요.

『9일간의 영혼 여행』에는 저자인 안케 에베르츠Anke Evertz가 겪은 근사체험 과정과 이후 삶을 대하는 태도의 심대한 변화가 자세하게 기록되어 있어요. '임사체험으로 알게 된 의식과 육체에 관한 새로운 진실'이란 부제에 충실한 내용들이에요.

오래된 공허감과 무력감에 휩싸여 살던 2009년 9월, 두 시간을 뛰고 집에 들어온 안케 에베르츠는 몸의 한기를 없애려고 서둘러 벽난로에 불을 붙이면서 실수로 바이오에탄올 병을 장작더미에 쏟아버리고 말았어요. 바지에 튄 에탄올에 불이 붙어 바지는 순식간에 불기둥이 되었고, 두 팔과 상체, 이어 얼굴과 머리까지 불길에 휩싸였죠. 그녀는 활활 타오르는 인간 화염이 되어 엄청난 열기 속에 서 있었어요.

그때 그녀에게 뭔가 특별한 일이 일어났어요. 마치 자신으로부터 튀어나온 것만 같았어요. 활활 타고 있는 자기 몸을 갑자기 몸 밖에서 인지하기 시작했죠. 벌어지고 있는 그 모든 일을 2미터쯤 떨어진 곳에서 관찰자가 되어 바라보는 '중립의 느낌'이었어요.

마침 집 안에 들어선 아들과 옆방에 있던 친구와 그 딸이 뛰어와 그녀의 몸에 커다란 카펫을 덮어 불길을 잡은 다음, 축 처진 그녀의 몸을 욕실로 끌고 가서 욕조에 넣고 온몸에 차가운 물을 끼얹었었어요. 그동안 그녀는 몸 밖에서 멀리 떨어져 그 모든 상황을 지켜봤어요. 구급대원 세 명이 욕실로 뛰어 들어오는 것이며, 구급 헬리콥터로 뮌헨 소재 중증 화상 치료 전문 병원으로 실려가는 동안 의사가 침착하게 응급처치를 해나가는 모습, 그 전부를 말이죠. 하지만 그들 누구도 그런 그녀를 알아보지 못했어요.

혼수상태로 누워 있는 9일 동안, 그녀는 빛의 존재와의 만남을 통해 존재의 근원에 대해 이해하고 자기 인생의 궁극적인 의미를 발견해요. 깨어난 후에는 놀랄 만한 속도로 회복되었고, 사고 전의 내적 상태에서 완전히 벗어나 매 순간을 충만하게 살게 되었죠.

안케 에베르츠는 자신의 변화를 다음과 같이 묘사했어요.

"나는 모든 인간적인 이미지들이 부서져나가는 세상 속으로 인도되었다. 그곳에서 나는 나만의, 훨씬 더 크고 더 지혜롭고 더 전체적인 '나'로 통합될 수 있었다. 그리고 그날부터 지금까지 나는 언제나 그 '나'와 연결되어 있다."

둥둥 떠 있었어

네이버 '죽음학 카페'에 회원 한 분이 올린 근사체험 사례를 하나 더 소개할게요.

"작년 여름 미국에 사는 동생이 들어와서 오랜만에 수다 꽃을 피웠답니다. 와중에 '죽음학 카페' 얘기도 하게 됐는데, 가만히 듣고 있던 동생이 자기 어렸을 때 심하게 아팠던 얘기를 꺼냈어요. 친정 엄마가 그때 동생을 잃을 뻔했다고 여러 번 말씀하셨던 터라 가족 모두가 이미 아는 얘기였죠. 동생은 '근데 언니… 나 그때 둥둥 떠서 나도 보고 엄마도 보고 그랬다. 그때는 아무한테도 말 안 했는데 엄청 신기하고 이상하고 그랬어'라고 했어요. 제 동생의 체외이탈 체험을 듣고 있자니 정말 신기하고, 눈으로 보는 게 다가 아니구나 싶었습니다."

「drop into mind」_watercolor

5장

사후통신

사후통신의 뜻

사후통신ADC: After Death Communication은 '죽은 이후의 소통'을 말해요. 죽은 친지의 의식이 직접적이고 자발적으로 살아 있는 사람에게 접촉할 때 일어나는 영적인 체험이에요.

 삶의 종말체험이 죽는 순간에 일어나는 현상이라면, 사후통신은 시간이 조금 지난 후에 일어나는 현상이라는 점이 달라요.

 미국의 빌 구겐하임Bill Guggenheim은 7년간 미국 전역에서 2,000명을 면담하고 3,300개의 사례를 수집해 1995년 『헬로 프롬 헤븐Hello from Heaven』이라는 제목의 책을 출간했어요. 자신의 연구 결과를 2005년 9월 미국 버지니아에서 개최된 국제근사연구학회IANDS에서도 발표했죠. 미국인의 약 20퍼센트인 5,000만 명쯤이 이런 경험을 한 것으로 추정된다고 해요.

이화여대 한국학과 최준식 명예교수는 『사자와의 통신 — 빌 구겐하임의 사후통신 연구에 대한 비판적 분석』이라는 책에서 빌 구겐하임의 사후통신 연구를 소개해요. 그 책에서 인상적인 사례들을 선별해 소개할게요.

사후통신의 종류와 사례

사후통신 방식은 영혼이 바로 옆에 있음을 느끼는 '지각적인 사후통신', 영혼의 목소리를 듣는 '청각적인 사후통신', 가벼운 터치나 어루만짐, 어깨 감싸기, 포옹, 입맞춤 등 접촉을 느끼는 '촉각적인 사후통신', 고인과 관련된 향기를 맡는 '후각적인 사후통신', 고인의 모습을 보는 '시각적인 사후통신', 수면 상태의 사후통신, 전화로 하는 사후통신 등 모두 열두 가지예요.

방식은 다양해도 의도는 한결같아 보여요. 고인의 영혼은 가족이나 친구에게 자신이 잘 있다는 걸 알리고, 너무 슬퍼하지 말고 평화롭게 지내기를 바라는 거예요.

도트(57세)는 아버지가 돌아가시고 5년이 지난 어느 날 사무실 책상에 앉아 일에 몰두하고 있었는데, "이게 뭐지?" 하는 느낌이 들었어요. 아버지의 영혼이 온 것임을 바로 알아차렸죠. 왜냐하면 아버지의 뺨이 그의 뺨을 누르고 있는 것 같은 느낌을 받았으니까요. 아버지는 생전에 자녀들에게 키스할 때면 항상 그런 식으로 했거든요. 그래서 도트는 크게 웃으면서 "아빠! 아빠가 오신 게 분명하군요"라고 말했죠. 그 체험은 아주 기분 좋고 부드럽고 달콤했어요.

이와 같은 촉각적인 사후통신 사례가 '죽음학 카페'에도 올라와 있어요.

> "사랑하는 사람이 세상을 떠나고 슬픔을 주체하지 못했던 어느 날, 아침 명상 중에 제 손바닥에서 느껴졌던 강렬하고 놀라운 에너지에 위로를 받은 경험이 있습니다. 또 함께 살던 고양이가 떠나고 난 후 베란다에 비스듬히 등을 기대고 누워 있을 때였는데, 살아서 그랬던 것처럼 딱 고양이 크기만큼의 뭉클하고 푸근한 에너지가 저의 왼쪽 겨드랑이로 쏘옥 들어왔습니다. 이 두 번의 경험은 굳이 설명이 필요 없었습니다. 명상 중에 만났던 존재나 고양이 모두, 그 에너지가 느껴지는 동시에 그게 누구인지 저절로 알아졌습니다. 궁금해할 필요조차 없이 '아, 왔구나.' 하며, 눈물이 쏟아졌습니다."

워싱턴주에 사는 케니스는 69세에 암으로 죽은 아내로부터 몇 번의 방문을 받고 기분이 매우 좋았어요. 아내가 타계한 지 한 달 정도 지난 어느 날 밤 침대로 갔을 때 아내가 옆에 있다는 게 느껴졌어요. 동시에 아내가 샤워 후 뿌리던 진나테라는 로션 냄새도 10분 가까이 지속되었어요. 이후 1년 반에 걸쳐 케니스는 같은 체험을 세 번이나 했어요. 아내가 타계한 후 딸이 이 로션을 모두 가져갔기 때문에 집에는 이 로션이 하나도 남아 있지 않았는데 말이죠. 이 체험 덕에 그는 아내를 잃은 슬픔이 많이 줄어들었고, 아내가 잘 있을 뿐 아니라 자신을 기다리고 있다고 느꼈어요.

'죽음학 카페'에 올라와 있는 다음 이야기도 후각적 사후통신에 해당해요.

"저의 사랑하는 그 사람은 운동을 업으로 하던 사람이었어요. 그래서 그 사람이 떠난 후로는 센터를 제가 관리하고 있어요. 하루는 늦은 저녁에 정리를 하고 있는데 초콜릿 냄새가 강하게 났어요. 마치 제 코에 초콜릿을 갖다 댄 것 같았죠. 그 순간 그이 생각이 났어요. 제가 기분이 안 좋거나 컨디션이 떨어져 있을 때면 언제나 초콜릿을 사서 건네줬거든요. 그럼 저는 신나게 그 달달이들을 먹고 기분이 좋아졌었죠. 그래서 초콜릿 냄새가 어디서 나는지 둘러봤지만 그럴 만한 데는 없었어요.

또 정리를 마치고 나서 그이가 즐겨 피우던 담배 한 대에 불을 붙여주려고 담뱃갑을 꺼냈는데, 평소 그이가 쓰던 향수 냄새가 강하게 나는 거예요. 그이는 제 눈총을 피해 정말 맛있게 담배를 피우곤 했었는데, 언제부턴가는 싫어하던 그 담배 냄새가 제게도 구수하게 느껴져서 그이를 생각하며 담배에 불을 붙이고 타는 걸 지켜보고는 했었거든요."

역시 카페 회원이 올려주신 후각적 사후통신 사례인데요. 고등학생이던 아들이 급성 질병으로 갑작스레 떠나고 몇 달 지났을 때였는데, 사흘 동안 밤 11시 반부터 새벽 5시까지 아들 방에서 진한 원두커피 향이 났다고 해요. 아들은 생전에 원두커피를 무척 좋아했다는데요. 놀라운 건, 커피 향기를 본인만이 아니라 남편과 두 자녀도 똑같이 맡았다는 거예요. 집 주변엔 카페도 없고, 창문을 열어봐도 밖에서 들어오는 어떤 냄새도 없었다는데 말이죠.

다음 이야기는 시각적 사후통신 사례예요.

소니아는 가정 간병사인데, 아홉 살 딸 발레리가 뇌출혈로 죽은 후 거의 실성한 사람처럼 힘들게 살아가고 있었어요. 하루는 자려고 침대 쪽으로 갔는데 누군가 오른쪽에서 그녀의 어깨를 만지고 있다는 걸 직감했어요. 돌아보니 놀랍게도 발레리가 서 있었죠. 생생하고 건강해 보였어요. 반짝거리는 가운을 입고 있었고, 밝게 빛났어요.

발레리는 "엄마, 사랑해요. 머리 아픈 건 다 사라졌어요. 나는 여기서 겪는 모든 게 좋아요. 엄마가 나 때문에 걱정하지 않길 바라요." 하고 말하고는 곧 사라졌어요. 딸은 아주 차분했고 행복해 보였으며 아름다웠어요.

제임스는 미주리주 한 대학에서 음악을 가르치고 있는데, 43세에 암으로 죽은 아내 크리스티나로부터 소리로 사후통신을 받아요. 장례식을 치르고 다음 날 새벽 4시에 제임스는 커피를 마시러 부엌으로 갔어요. 커피메이커 가까운 쪽에 유리잔들이 있었는데 갑자기 하나가 규칙적으로 세 번 소리를 냈어요. 그 소리가 너무 커서 놀랄 지경이었죠. 그는 자신의 움직임 때문에 소리가 났나 싶어 몸을 움직여봤지만 소리는 더 나지 않았어요.

그때 물밀듯 밀려오는 따뜻함을 느꼈고 크리스티나로부터 "사랑하고 고마워요. 나는 지금 아주 좋아요"라는 메시지가 전해져왔어요. 그녀가 지금은 모든 고통에서 해방되어 잘 있다는 걸 알 수 있었죠. 제임스는 그게 환상이 아니라는 걸 확신했어요. 두 사람 다 음악을 전공했는데, 사후통신도 소리로 온 거죠. 그는 이 체험으로 큰 평화와 경의와 즐거움을 느꼈어요. 제임스는 청각적 사후통신을 경험한 거죠.

책방을 하는 모니카는 아버지가 심장마비로 돌아가시고 3개월이 지났을 때 놀라운 방식으로 아버지의 목소리를 들어요. 모니카는 친구에게 안부를 묻기 위해 전화를 걸었는데, 교환원이 잠시만 기다리라고 했고 수화기에서는 기다리는 동안 틀어주는 음악이 흘러나왔어요. 그런데 음악이 끊기면서 갑자기 "안녕, 돌리"라고 부르는 아버지의 목소리가 수화기에서 들렸어요. 돌리라는 이름은 생전에 아버지가 모니카를 부를 때 쓰던 이름이었죠. 아버지는 "너는 내가 누군지 알겠지?"라고 했는데, 모니카는 너무 놀란 나머지 한마디도 할 수 없었어요.

 몇 초가 지나 아버지가 "나, 아빠야"라고 했는데 그 목소리는 생전의 목소리와 똑같이 아주 점잖았어요. 통화 상태는 장거리 전화를 하는 것 같았지만 잡음은 없었고 소리도 아주 깨끗했어요. 바로 이때 교환원이 다시 나와서 찾는 사람이 자리에 없다고 말했고, 모니카는 전화를 끊었어요.

 이 체험이 너무나 생생해서 모니카는 전혀 의심하지 않았어요. 이 일로 영적인 일에 대해 갖고 있던 회의적인 태도를 버리게 되었죠. 아마 아버지가 모니카의 그런 태도를 고치려고 고의로 그러신 것 같다고 생각하면서요.

 전화선이 끊긴 상태에서 전화로 고인의 목소리를 들은 놀라운 사례가 또 소개되어 있어요. 힐다는 82세의 아버지가 암으로 돌아가시고 2주 후에 사후통신을 받아요.

 힐다의 집은 하나의 번호에 전화기 세 대를 연결해서 쓰고 있었는데, 집 뒤편 도로에서 확장 공사가 진행되느라 그날은 이틀째 전화선이 차단된 상태였죠. 힐다가 17세 딸 그레타와 텔레비전을 보고 있을 때 부엌에 있는 전화기의 벨이 울렸어요. 그레타가 수화기를 들고 계속해서 "여보세요"라고 했지만 소라 껍데기를 귀에 대면 들리는 것 같은 소리만 들렸죠. 10분 후 또 전화벨이 울렸고 그레타가 또 수화기를 들었지만 마찬가지였어요. 다시 10분이 지난 다음에 전화기가 울렸고 이번엔 힐다가 받았어요. 처음엔 비슷한 소리가 들렸지만 잠시 후 어떤 목소리가 가까이 오는 걸 알 수 있었어요. 아버지 목소리였죠. 아버지는 폴란드 말로 "힐다야, 힐다야, 사랑해"라고 말했어요. 아버지는 폴란드 말만 할 줄 알았거든요. 힐다도 계속해서 "아버지, 아버지"라고 부르면서 사랑한다고 말했어요. 그러자 아버지의 목소리는 점점 작아지면서 사라졌어요. 그리고 전화는 곧 먹통이 되었죠. 전화를 끊고 나니 그레타가 "엄마 왜 그래? 엄마 얼굴이 백지장처럼 하얘졌어"라고 했어요. 힐다는 밖으로 나가 공사 중인 전화 기술자에게 조금 전 전화국에서 무슨 조치를 했었는지 물었어요. 기술자는 이상하다는 듯 쳐다보면서, 공사가 계속되는 내일까지 전화가 안 될 거라고 했죠.

빌 구겐하임은 이런 사례를 50여 개나 갖고 있다며, 이런 일이 가능한 이유를 나름대로 설명해요. 전화기는 아주 단순한 전기 기계여서 고인의 영혼이 전화기에 소량의 에너지를 가해 벨을 울리게 하는 등 전화기를 조작할 수 있다는 거예요.

그리고 전화기뿐만 아니라 자동응답기나 무선호출기, 녹음기, 라디오, 텔레비전, 컴퓨터를 통해서도 소식을 전한 사례가 있다고 해요. 에디슨이 말년에 죽은 아내와 소통할 수 있는 영계통신기를 만들려고 한 것도 그런 일이 가능하다고 봤기 때문이었어요.

넷플릭스 다큐멘터리 「풀리지 않은 미스터리」 '쓰나미의 유령'에도 전기를 통한 사후통신이 소개되었어요. 2011년 동일본 대지진 후 이어진 쓰나미로 2만 명 넘는 사람들이 사망했는데, 이후로 이상한 만남strange encounter이 많이 보고된다고 해요.

쓰나미로 세 살 아들을 잃은 어머니는 우울증과 공황에 시달리며 죽은 아들을 따라가겠다는 생각을 계속 해왔어요. 식사 때마다 밥상에 죽은 아들 몫의 밥을 떠놓았는데, 하루는 저녁 식사 자리에서 죽은 아들의 장난감 기차를 향해 "아들아, 같이 밥 먹자"라고 말하자 장난감 기차에 불이 켜지면서 기적이 울렸어요.

죽은 아들로부터의 사후통신을 체험한 후 이 어머니는 아들이 자신을 지켜보고 있다는 사실을 알게 되면서 삶의 의미를 다시 찾고 자살 생각도 버리게 되었다고 해요.

숫자를 통한 사후통신 사례를 '죽음학 카페' 회원 한 분이 올려주셨어요.

"사람들을 인솔해서 경북 청도에 가야 하는 날, 기분이 우울하고 안 가고 싶었어요. 막내를 그곳에서 사고로 잃었거든요. 얼마 전 병으로 아들을 떠나보낸 친한 동생도 운전석 옆자리에 앉아 함께 가고 있었는데, 갑자기 1차선을 달리던 차 한 대가 2차선에 있는 제 차 앞으로 확 끼어들었어요. 1차선에도 차량이 많지 않은데 왜 그런 건지 이상했죠. 그런데 끼어든 차의 번호를 본 순간 가슴이 떨리며 눈물이 핑 돌았어요. 저와 남편과 막내의 전화번호 끝자리이자 막내의 생일인 '○○26'이었어요. 며칠 전부터 막내 사진을 보며 궁시렁댔었어요. '넌 왜 엄마에게 숫자 통신 한 번 안 줘? 네 생일 같은 숫자로 사후통신 한 번 받고 싶어'라고요. 막내는 그런 방식으로 늘 제 옆에 가까이 있다는 걸 알려줬어요. 그렇게 위로받고 나니 영 가기 싫었던 청도의 일정도 즐겁게 마칠 수 있었죠."

그리고 8개월쯤 지나 또 사후통신을 받았다고 해요. 차 번호가 ○○26인 차를 며칠에 한 번씩은 보게 되면서 우연의 일치인가 싶어, "엄마가 태어난 해인 '61'에 ○○26을 보면 네가 메시지를 보낸 걸로 믿을게"라고 혼자 중얼거렸었는데, 며칠 후 앞에 가는 차가 유난히 느리게 가서 번호판을 보니 바로 61에 ○○26이었다는 거예요.

현관 센서 등의 오작동 현상 얘기를 종종 듣게 되는데요. 문이 열리거나 닫히는 일도 없고 사람이나 동물, 물체가 감지되지 않았는데 가족이 죽고 나서 이유 없이 전등이 켜졌다 꺼졌다 반복될 때가 있는 거죠. 얼마간 그러다가 어느 때가 되면 멈춰요. 세월호 사고로 자녀를 잃은 어머니의 심정을 섬세하게 그린 영화 「생일」의 마지막에 그런 장면이 나와요. 그 장면을 보면서 마음이 애잔해지고 위로를 받는 것 같았어요.

그리고 한겨울에 나비가 날아든다든가 갑자기 무지개가 뜬다든가 하는 현상은 오래전부터 동서양에서 공통적으로 보고되는 사후통신이에요. 고인이 나비로 변한 것은 아니고, 나비를 이용해 살아 있는 가족들에게 '나는 잘 있어요. 슬픔에서 벗어나 행복하게 지내세요. 사랑해요'라는 메시지를 보내는 거죠.

하지만 사후통신을 못 받는다고 해서 아쉬워하지는 마세요. 사후통신을 보내려면 주파수를 지상의 수준 가까이 낮춰야 한다고 해요. 저세상에서 하게 되어 있는 치유와 성장의 과정에 몰두하느라 떠나온 지상계에 신경 쓸 여유가 없을 수도 있으니까요.

「green and red leaves cover」_acrylic

6장

삶의 종말체험

죽은 이의 마지막 인사

'죽음학 카페'에 올라와 있는 삶의 종말체험 사례로 이야기를 시작할게요.

> "어린아이들 세 명의 엄마인 지인이 육아에 지쳐 지내다가 하루는 저녁에 남편에게 아이를 맡기고 오랜만에 친구들을 만났어요. 즐겁게 담소를 나눈 후 택시를 타고 집 건너편에 내렸는데, 그 택시가 유턴하다가 횡단보도를 건너고 있던 이 지인을 치는 사고가 났어요. 그 자리에서 지인은 목숨을 잃었고요. 그런데 사고가 난 그 시각에 아이 세 명의 꿈에 지인이 나타나 '엄마가 먼저 가서 미안해. 잘 있어'라고 똑같이 말했다고 했어요."

퀴블러 로스 박사의 책 『사후생』에 소개된 삶의 종말체험 사례는 지금으로부터 40여 년 전, 휴대폰이 없던 시절에 일어난 일이에요.

한 젊은 아메리카 원주민 여인이 고속도로에서 뺑소니 차에 치였는데, 거기를 지나가던 한 운전자가 그녀를 돕기 위해 멈췄어요. 그 여인은 그에게, 지금 자신을 위해 해줄 수 있는 일은 아무것도 없으니, 언제가 되든 사고 현장에서 1,000킬로미터 정도 떨어진 곳에 살고 있는 어머니에게 자신의 말을 전해달라고 부탁해요. 자신은 괜찮고, 아버지와 함께 있어서 행복하다고요. 그 여인은 행인의 팔에 안긴 채 죽었는데, 이 행인은 부탁받은 대로 열 시간이 넘는 먼 길을 운전해서 그녀의 어머니를 방문해요. 그리고 그녀의 어머니로부터 놀라운 이야기를 들어요. 교통사고 희생자의 아버지가 딸이 죽기 한 시간 전에 돌아가셨다는 거였어요. 집에서 세상을 떠난 아버지의 영혼이 1,000킬로미터 떨어진 고속도로에서 딸이 사고로 죽어갈 때 마중을 나온 거죠.

퀴블러 로스 박사는 어떤 사람이 죽어가고 있는 곳에 다른 가족의 죽음이 알려지지 않았거나 죽어가는 사람이 미처 그런 사실을 알지 못한 때도 먼저 죽은 가족의 영혼이 마중을 나온 수많은 사례를 수집했어요. 그 사례들을 분석해보고 알게 된 사실은, 단 1초라도 먼저 죽은 가족이 아니면 삶의 종말체험에는 나타나지 않는다는 거였어요.

펜윅, 죽음의 기술

삶의 종말체험에 관한 사례를 가장 많이 수집한 사람으로는 영국 런던 모즐리병원의 정신과 의사인 피터 펜윅Peter Fenwick 박사를 꼽을 수 있어요. 피터와 엘리자베스 펜윅 부부는 영국과 스코틀랜드에서 일어난 종말체험 사례를 수집해서 2008년 『죽음의 기술』을 출간했어요. 명상에도 조예가 깊었던 피터 펜윅 박사는 죽음 너머의 감춰진 진실을 향해 앞장서서 우리를 안내한 후, 2024년 훌륭한 지상의 삶을 마쳤지요.

피터 펜윅 박사가 삶의 종말체험에 관심을 갖게 된 것은 한 지인이 어머니가 돌아가시기 전에 목격한 이야기를 전해준 후부터였어요.

"갑자기 어머니가 창 쪽으로 눈길을 주더니 뚫어져라 응시했어요. 그러다 갑자기 내게로 눈길을 돌리더니 '애야, 죽는 것을 절대로 두려워하지 마라. 아름다운 빛이 보였고, 나는 그 빛 쪽으로 다가서고 있었어. 그 빛이 얼마나 아름답던지 이렇게 다시 돌아 나오기 위해서는 나 자신과 싸움을 벌여야 했어'라고 말하더군요. 이튿날 나는 집으로 돌아갈 시간이 되자 어머니에게 '잘 자요, 엄마. 내일 봐요'라고 인사했어요. 그러자 어머니는 나를 똑바로 바라보면서 '난 내일 따위는 걱정하지 않는단다. 너도 그래야 해. 나에게 약속해'라고 말했어요. 어머니는 이튿날 아침에 세상을 떠났어요. 하지만 저는 어머니가 그날 편안함과 평화를 주는 무언가를 보았으며, 이제 살 시간이 겨우 몇 시간밖에 남지 않았다는 사실을 알고 있었다고 생각해요."

펜윅 박사는 스코틀랜드의 한 신문과 삶의 종말체험에 대해 인터뷰했는데, 그 기사를 본 사람들은 그에게 자신이 겪은 체험에 관한 자료를 많이 보내줬어요. 펜윅 박사는 죽음 직전에 환영을 보는 현상이 자주 일어난다는 사실과 환영의 종류도 매우 다양하다는 점을 그때 확인하게 되었죠.

펜윅 박사는 2007년 한 방송 프로그램에 초대받아 삶의 종말체험에 대해 "죽음은 스위치가 툭 하고 꺼져버리는 단순한 일이 아니며, 여러 단계의 일이 발생하는데, 그중 하나가 죽어가는 사람이 임종이 임박했을 때 먼저 죽은 가족이나 친지의 방문을 받게 되는 사건"이라고 얘기해요. 이 방송이 나가고 2, 3주 만에 그에게는 수백 통의 편지와 이메일이 쏟아졌어요. 이런 경험을 몸소 겪은 사람들, 친척이 죽어가는 모습을 지켜본 사람들, 또는 가족 누군가로부터 그런 이야기를 들은 사람들이 보내온 것이었죠. 다른 사람에게 그 경험을 한 번도 털어놓지 못한 사람이 대부분이었는데, 그들은 다른 사람들도 비슷한 경험을 한다는 사실을 확인하고 자유롭게 이야기할 수 있어서 큰 위로를 얻었다고 썼어요.

그러면서 펜윅 박사가 알게 된 것은, 삶의 종말체험이 죽음의 한 과정이라는 거예요. 이 체험은 정신이 혼미할 때 일어나는 것이 아니라, 대부분 의식이 활짝 깨어 있을 때나 장기간 무의식 상태로 있던 환자가 죽기 직전에 의식이 맑게 회복되는 잠깐 사이에 일어나요. 삶의 종말체험이 죽기 몇 시간 전 또는 며칠 전에 시작하는 여행의 준비일 수 있는 거죠.

죽음을 앞둔 사람들은 죽은 친척들을 따라가면 자신이 죽는다는 것과 다시는 돌아오지 못한다는 걸 알고 있는 것 같았어요. 그러면서도 그 방문객을 죽음을 앞둔 자신의 마음을 편안하게 보듬어주고 죽음의 과정을 도와주는 존재이자 죽음의 경계선 너머까지 자신을 안내해줄 존재로 느꼈어요. 그 순간에는 놀라움과 반가움, 고요함과 유쾌함, 연민과 사랑, 빛과 평화 속에 있다는 게 느껴졌죠.

"어머니의 얼굴이 기쁨에 넘쳐 환하게 밝아왔어요", "살아난 것처럼 보였어요", "갑자기 그녀가 침대에서 벌떡 일어나 앉더니 누군가를 향해 두 팔을 내뻗었어요. 얼굴에는 더없이 행복한 표정이 가득했지요. 그런 다음 다시 몸을 누이더니 오래지 않아 세상을 떠났어요."

그리고 이때 영혼 방문객의 특이한 점은, 생전에 부상으로 신체의 일부분을 잃었어도 완전히 회복된 모습으로, 또는 삶의 절정기 때 모습으로 나타난다는 거예요.

"삼촌은 제1차 세계대전 중 솜 전투에 참가해 심하게 부상을 입었어요. 부대원 세 명만이 살아남아 평생 전쟁의 악몽에 시달렸죠. 이후 암에 걸린 삼촌을 어머니가 집에서 돌봤어요. 어머니와 내가 침상 옆에서 조용히 이야기를 주고받는 중이었는데, 너무 아파서 대화에 참여하지 못하고 누워서 듣기만 하던 삼촌이 갑자기 몸을 앞으로 구부리며 벽을 뚫어져라 응시했어요. 우리 눈엔 안 보이지만 그의 눈엔 분명하게 어떤 사람들이 보이는 것 같았어요. 삼촌은 갑자기 힘이 펄펄 나서 그 사람들의 이름을 일일이 부른 뒤 어떻게 지내는지 묻고, 다시 만나게 되어 너무나 감격스럽다고 말하더군요. 삼촌의 말투로 봐서 그 사람들은 솜 전투에 함께 참전했다가 죽은 전우들이 틀림없었어요. 그의 얼굴에 경이로운 표정이 피어올랐고, 고통은 잊은 듯했어요. 삼촌은 그 일 이후로 다시는 의식을 찾지 못했고, 며칠 뒤 세상을 떠났어요."

다음 이야기는 '죽음학 카페'에 올라와 있는 비슷한 사례예요.

"저희 처남은 2015년 암으로 세상을 떠났는데, 숨지기 하루 전쯤에 '어, 엄마가 오셨네'라고 하더니 이야기를 주고받았어요. 몸이 아프니까 헛말을 하는 걸로 생각했죠. 그런데 3개월 전 아내가 세상을 떠나기 몇 시간 전쯤에 그때 처남이 했던 것과 똑같은 행동을 하는 거예요. '엄마가 오셨네. 엄마,

엄마.' 하면서 누군가와 대화하다가, 멈추고서 다시 저와 대화하다가, 이렇게 두세 번 정도를 반복하더군요. 저는 소름이 돋았어요. 아니, 어쩜 이렇게 똑같을 수가 있나 하고요."

한편, 죽음을 맞기 직전이나 죽음의 순간에 멀리 떨어져 있는 가족이나 친지 앞에 잠시 모습을 드러내는 경우가 있는데, 이런 현상 역시 삶의 종말체험이라고 불러요. 베트남 전쟁 때 전사한 군인이 사망한 바로 그 시각에 미국 고향 집에 있는 가족들 앞에 모습을 나타냈다는 기록들도 제법 있죠.

피터 펜윅 박사가 특히 좋아하는 이야기인 엘브리지 피치의 사례가 바로 그런 경우예요. 피치의 사례는 심령 연구자들인 에드먼드 거니Edmund Gurney, 프레더릭 윌리엄 헨리 마이어스Frederic William Henry Myers, 프랭크 포드모어Frank Podmore가 비상한 경험들을 모아 1886년에 출간한 책 『살아 있는 사람들의 환영들Phantasms of the Living』에 소개되어 있어요.

인도에 머물던 피치가 어느 날 아침 일어나보니 옛 친구가 있었어요. 급한 일이 있어서 기별도 안 하고 찾아왔나 생각했죠. 피치는 친구를 따뜻하게 맞이하며 베란다로 안내한 뒤에 차를 대접하려고 잠깐 자리를 비웠는데, 다시 베란다로 갔을 때 친구는 사라지고 없었어요. 그 집에서 그 친구를 본 사람은 아무도 없었죠. 2주 뒤 피치는 자신이 그 친구를 본 바로 그 시점에 그 친구가 600마일 떨어진 곳에서 죽었다는 소식을 들어요.

이 사례와 아주 비슷한 이야기들이 '죽음학 카페'에도 여럿 올라와 있어요.

"남편과 함께 남해안 한 리조트에 묵을 때였어요. 새벽 5시경 눈이 떠졌는데, 옆에서 자고 있는 남편을 남편의 절친이 위에서 내려다보고 있었어요. 얼굴은 말쑥했고 편안해 보였죠. 그런데 이상하게도 하체는 보이지 않았어요. 한 시간 후 남편이 깼을 때 암으로 투병 중인 그 절친의 근황을 물었더니 최근 상황은 잘 모르겠다고 했죠. 잠시 후 남편의 휴대폰에 절친이 사망했다는 부고 문자가 왔어요."

"전에 같은 곳에서 간호사로 함께 근무하며 엄청 친하게 지내게 된 한 선배의 가족 이야기예요. 막내 여동생이 친구와 거제도에 고속버스를 타고 놀러 가다가 버스 사고로 죽었어요. 사고가 나던 시각, 유독 막내 여동생과 사이가 좋았던 남동생은 군대에서 보초를 서고 있었는데, 왠지 모르게 여동생이 옆에 온 것 같은 묘한 기분이 들었다고 해요. 그리고 몇 시간 후 여동생의 사고 소식을 들어요. 아마도 막내의 영혼이 오빠를 마지막으로 보러 간 것 같아요."

『죽음의 기술』에도 고인이 떠나는 순간 가족에게 신호를 보내 죽음을 알린 사례가 나와요.

"1950년 무렵 친척 한 분이 병원에 입원해 있어서 아버지가 병문안을 가셨는데, 아침에 이미 세상을 떠났다고 했어요. 병원 관계자가 부고 소식을 친척들한테 알려달라고 해서, 아버지와 나는 20마일가량을 자동차로 달려 산에서 양을 치며 살고 있는 고인의 여동생에게 갔어요. 우리를 멀리서 보자 대뜸 하는 얘기가 '여기까지 오신 이유를 알아요. 오빠가 세상을 떠나면서 제 이름을 연거푸 부르는 소리를 들었어요'였어요. 그녀는 오빠가 죽은 시각까지 병원에서 기록한 그대로 맞혔죠."

윌리엄 배럿의 연구

삶의 종말체험에 대해 과학적인 연구를 처음 시도한 사람은 1920년대 아일랜드 더블린의 왕립과학원 물리학 교수였던 윌리엄 배럿 William Barrett 경이었어요. 윌리엄 배럿 경이 이 주제에 관심을 갖게 된 계기는 산부인과 의사이던 아내의 경험에 있었죠.

산모 도리스는 건강한 아이를 출산했으나 출혈이 심해 죽어가고 있었는데, 별안간 수술실 한쪽을 뚫어져라 바라봤어요. 무엇을 보고 있는지 물으니 상냥한 미소를 띠면서 "사랑스러운 빛, 경이로운 존재들"이라고 대답했고, 조금 뒤 "아니, 아버지잖아! 제가 가고 있어요"라고 했죠. 이어 당혹스러운 표정으로 "아버지가 동생하고 같이 있어요"라고 했어요.

윌리엄 배럿 경이 삶의 종말체험에 대해 진지하게 받아들이게 된 것은 도리스의 마지막 말 때문이었어요. 사실 도리스의 동생은 3주 전에 세상을 떠났지만, 도리스의 몸 상태를 고려해 가족들이 그 사실을 그녀에게 알리지 않았거든요. 그런데 그때까지 살아 있는 것으로 알고 있던 동생이 오래전 죽은 아버지와 함께 있는 모습을 본 거예요.

이 일이 너무나 강한 인상을 남겼기 때문에 윌리엄 경은 이와 비슷한 경험들을 모으기 시작했어요. 1926년에 출간한 『죽음의 자리에 나타나는 환영들Deathbed Visions』에서 그는 이런 경험들이 죽어가는 사람들의 정신이 멀쩡할 때 일어난다는 결론을 내렸어요. 또 죽어가는 사람의 임종을 지켜본 의료진이나 친척들이 죽어가는 환자의 환영을 함께 본 사례들도 여러 건 보고했죠.

칼리스 오시스Karlis Osis와 에를렌뒤르 하랄드손Erlendur Haraldsson은 1961년부터 1973년까지 여러 차례 이런 현상을 조사했는데, 환영에 나타나는 여행 동반자의 모습에 문화적 차이가 명백히 드러난다는 걸 발견했어요. 미국에서 실시한 조사에서는 흔히 죽은 친척과 친구가 나타난다면, 인도인들의 경험에서는 죽음의 사자인 '얌두트' 같은 종교적 인물이 나타났고, 기독교인에게는 예수가, 천주교인에게는 마리아가 많이 나타났어요.

그러나 방문객이 누구든, 이런 삶의 종말체험이 죽어가는 사람에게 매우 편안함을 준다는 점은 공통적이었어요. 낯선 여행길에 대한 두려움을 없애 안도하게 해주고, 이생에 대한 미련을 버려 가볍게 떠나도록 도와주는 귀한 체험인 거죠.

「warp and weft」_watercolor

7장

영매와 함께 한 실험실 연구

로라 린 잭슨

약한 빛의 영혼

로라 린 잭슨은 자신의 책 『우리 사이의 빛』에서 영매로서 했던 상담 중 가장 강렬했던 사례를 이야기해요.

참가자들에게 세 시간에 걸쳐 떠나보낸 가족의 영혼이 말하는 이야기를 전하고 나서 행사장이 거의 비었을 때였어요. 아직 이야기를 나누지 않은 검은 머리의 40대 여성이 실망한 모습으로 걸어 나가고 있었죠. 로라 린은 그녀에게 급히 다가가 어깨에 손을 얹었어요. 두 사람은 행사용 테이블에 마주 앉았고, 그러자 바로 누군가의 영혼이 로라 린의 머릿속 스크린에 모습을 드러냈죠.

나타난 빛은 진동이 아주 약하고 희미했어요. 알아들으려면 무척 집중해야 했죠. 행사장이 빌 때까지 기다려야 했던 이유를 로라 린은 깨달았어요. 그 영적 상담은 뭔가 달랐죠. 마침내 스무 살 정도의 젊은 여성이 보였어요.

로라 린은 마주 앉은 여성에게 말했어요. "당신은 정신과 의사군요." 여성의 얼굴은 얼어붙었고, 이어서 대학 건물과 편지들이 보였어요. 편지는 총 세 통이었어요. 학교 세 곳에서 합격통지서가 온 걸 의미했죠. "따님은 자신이 뉴욕대에 들어갔다고 하네요." 그 외에도 빛 속의 젊은 여성은 자기 엄마가 사는 곳과 몇 가지 정보를 더 알려줬어요. 또 고양이들도 보여줬어요. "따님이 자기 고양이들을 다정하게 잘 돌봐줘서 아주 고마워하네요." 고양이에 대한 정보는 효과가 있어서, 엄마가 딸의 메시지에 마음을 더 여는 걸 느낄 수 있었죠.

곧이어 젊은 여성은 자기가 어떻게 죽었는지 보여줬어요. 사실 로라 린은 이미 알고 있었죠. 그녀가 스스로 목숨을 끊었다는 걸요. 자살한 사람들은 약한 빛으로 나타날 때가 많았어요. 그녀가 모습을 드러내기까지 그렇게 오래 걸린 것도 다른 부모들 앞에서 자신이 자살한 사실을 드러내고 싶지 않아서였던 거예요. 그녀는 엄마의 프라이버시가 더 확보될 때까지 기다린 거죠.

생전에 엄마가 얼마나 자기를 도와주려 애썼는지도 로라 린에게 보여줬어요. 그러면서 엄마나 다른 누가 어떻게 했든 자신은 결국 목숨을 끊었을 거라고 말했죠. 그렇게 그녀는 스스로 지상에서의 여행을 끝냈고, 저세상으로 가고 난 후에야 삶이 얼마나 소중한 선물인지 깨달았다고 말했어요.

두 사람의 연결은 비록 약하게 시작되었지만 이내 강하고 심오한 것으로 바뀌었고, 엄마와 딸 사이를 오가는 놀라운 사랑을 느낄 수 있었어요.

"따님은 당신이 그토록 힘들고 고통스러워할지 알았다면 절대 그러지 않았을 거라고 꼭 전해달라고 합니다. 자신이 한 일에 대해 너무도 미안해하고 있어요." 로라 린은 울고 있는 그녀의 엄마에게 이 모든 이야기를 전했어요.

"따님은 엄마에게 고마워하고 있어요. 자신을 위해 그토록 노력해 주고 이해해줘서요. 하지만 무엇보다 자신이 죽은 후 엄마가 해준 일이 가장 고맙답니다. … 자신을 용서해줘서요."

아버지의 후회

로라 린이 마리아와의 상담을 시작하자, 마리아의 아버지 존의 영혼은 로라 린에게 자신이 죽을 때의 정황과 감정을 단어와 이미지로 보여줬어요. 존은 치매가 심해지면 자신이 무슨 일을 벌일지 몰라 두려웠고, 가족들에게 짐이 되고 싶지 않아 스스로 목숨을 끊었다고 했어요. 그런데 물속에 빠지자마자 자신이 끔찍한 실수를 저질렀다는 걸 깨달았어요. 하지만 이미 돌이킬 수 없었죠. 가족의 짐을 덜어주려 했지만, 오히려 연민과 인내와 무조건적인 사랑을 키우고 나누는 놀라운 치유의 기회를 자신과 가족에게서 앗아간 거예요. 인생에서 가장 약해진 시기에 가족의 도움을 받는 것이 서로에게 깊고 강한 유대감을 느낄 기회라는 걸 알지 못한 거죠.

존은 거듭해서 미안하다며 가족들에게 용서를 구했어요. 로라 린은 안타까웠죠. 존이 어두운 물속으로 들어가기 전에 이번 삶에서 자신의 병이 갖고 있는 의미를 알았다면 얼마나 좋았을까 하고요. 병은 비참하고 고통스러운 운명처럼 보이지만, 깊은 사랑과 연민에 다가가 정신적으로 깊어지고 성장할 기회니까요. 존은 이 빛을 너무 늦게 알아본 거예요.

영적 능력에 대한 회의와 수용

로라 린은 사별의 슬픔과 고통에 빠져 있는 사람들의 치유 과정에 자신이 한 부분을 담당할 수 있다는 것에서 깊은 의미를 느껴요. 자신의 영적 능력이 저주는 아닐까 두렵기도 했었는데, 오히려 축복이라는 사실을 진심으로 깨닫게 된 거죠.

그녀는 어려서부터 오감이 아닌 다른 방법으로 사람이나 사건에 대한 정보를 알아낼 수 있는 투시력과 귀를 통하지 않고도 소리를 들을 수 있는 투청력, 그리고 뭔가를 예민하게 느낄 수 있는 초감각적 능력이 있었어요. 또 세상을 떠난 사람들과 소통할 수 있는 능력 또한 갖고 있었죠.

어릴 때 외할아버지가 돌아가시기 얼마 전 죽음을 암시하는 꿈을 꿨고, 다른 지역 대학에 진학한 친구가 어느 날 밤 발을 헛디뎌 추락해서 죽어갈 때도 그 친구에게 안 좋은 일이 있다는 걸 암시하는 꿈을 꿨었어요. 또 60킬로미터쯤 떨어진 지역으로 비행기가 추락해서 탑승자 전원이 사망한 사고가 일어나기 직전에 이유를 알 수 없는 엄청난 고통과 공포를 느꼈었죠. 하지만 그런 일들을 안다고 해도 일어나지 않게 막을 수 없으면 영적 능력이 무슨 소용인가 하는 죄책감을 느끼며 괴로워했었어요.

20여 년 동안 자신의 영적 능력을 숨긴 채 가르치는 일을 소명으로 여기고 미국의 고등학교에서 영어교사로 일하면서도, 그녀는 자신에게 어쩌다 이런 능력이 생겼는지 알고 싶었어요. 기회가 왔을 때 인간의 잠재력을 연구하는 두 기관의 엄격한 테스트를 자청해서 받고, 탁월한 영적 능력을 인정받았어요.

영원한 가족 재단의 검증

'영원한 가족 재단'은 딸 베일리를 교통사고로 잃은 밥Bob과 프란 긴즈버그Fran Ginsberg 부부가 애리조나대학 소속 '의식과 마음의 진보를 위한 연구소' 책임자였던 게리 슈워츠Gary Schwartz 박사와 공동 창립한 기관이었어요. 게리 슈워츠 박사는 심리학, 정신의학, 외과학 교수이자 수십 년간 '영매 사냥꾼'이라 불릴 정도로 '가짜 영매'를 가려내는 데 열심인 인물이었죠.

긴즈버그 부부는 예쁘고 쾌활했던 베일리를 잃은 허무함에 빠져 있었는데, 그들과 같은 슬픔을 겪는 부모들을 위로할 방법이 삶과 죽음이 교차하는 신비로운 곳에 있지 않을까 하는 생각이 들었어요. 그래서 영적 현상에 관한 책들을 읽고 영매를 만나기도 하면서 마음의 눈을 열게 되었고, 보이지 않는 세계와 함께 일하기 위해 재단을 만들었죠.

2005년 로라 린은 영원한 가족 재단에 연락해서 자신은 영매이며 자원봉사에 참여하고 싶다고 했어요. 그러려면 엄격한 테스트를 거쳐야 했어요. 몇 건의 영적 상담을 통해 정확도를 평가하는 능력을 인정받아야만 했죠. 그녀는 비디오카메라가 켜진 방에서 처음 보는 내담자 앞에 앉아 15분 동안 그 사람에 관한 정보를 종이에 적거나 말하는 방식으로 여섯 명의 내담자와 영적 상담을 마쳐요. 내담자 모두 상담 중 어떤 정보도 내보이지 않도록 훈련받은 사람들이어서, 속임수와 술책, 사기를 이용한 영적 상담이 차단된 채 테스트를 받았죠.

그런데 영적 상담을 하는 동안 내담자와 관계있는 저세상이 로라 린에게 연결되면서, 영혼들이 자신의 생일 날짜나 사망할 때의 정황 등을 그녀에게 정확히 전해줬어요. 심지어 생전의 까다로운 식성이나 재미있는 가족 이야기까지 해줬기 때문에 그 내용을 전달하자 내담자들은 웃기까지 했죠.

암으로 세상을 떠난 마이클이라는 이름의 영혼은 자기 어머니에게 그녀가 준 사랑에 감사한다고 전해달라고도 했어요. 자신이 이 세상에 있었던 이유는 어머니의 조건 없는 사랑을 느끼는 거였고, 사는 동안 늘 편했고, 심지어 죽을 때도 그런 사랑에 둘러싸인 채 세상을 떠났다고요.

몇 주 후 영원한 가족 재단에서 로라 린에게 전화를 걸어, 상담이 아주 정확했고 영매로 공인한다고 했어요. 그 전까지 자신의 영적 능력을 확신하지 못했던 그녀는 자신 있게 '빛의 군단'의 일원으로 사람들의 슬픔을 위로하는 일에 참여해요. 동시에 자신의 영적 능력을 밖으로 드러내지 않은 채 교사로서도 최선을 다해요.

윈드브리지 연구소의 검증

로라 린은 영적 능력을 '윈드브리지 연구소'에서 다시 한번 검증받아요. 애리조나에 있는 이 연구소는 전통적인 과학 지식으로는 설명하기 어려운 현상들을 과학자들이 주축이 되어 연구하는 곳이에요. 연구소 강령에는, '우리의 신체와 정신, 영혼에 내재된 잠재력으로 무엇을 할 수 있을까? 우리는 서로를, 혹은 우리 스스로를 치유할 수 있을까? 세상을 떠난 사랑하는 이들과 소통할 수 있을까?'라는 질문에 주안점을 둔다고 쓰여 있어요.

심사는 5중으로 정보를 가린 채 진행되는 블라인드 영적 상담을 포함해 총 8단계로 이뤄졌는데, 심사의 단계마다 매번 그녀가 초조해할 틈도 없이, 믿을 수 없을 만큼 많은 정보가 저세상으로부터 홍수처럼 한꺼번에 밀려들었어요. 내담자의 이름만 들은 경우에도, 또는 이름도 모르는 내담자와 전화로 연결된 경우에도 고인이 사망했을 때의 나이와 건강 상태, 내담자와의 관계, 있었던 일, 외모, 취미, 의미 있었던 노랫소리, 그리고 내담자가 전화를 받으며 바라본 풍경까지, 구체적인 정보가 또렷하게 그녀에게 쏟아져 들어왔죠.

며칠 후 로라 린은 심사에 통과한 걸 축하한다는 이메일을 받아요. 미국에 있는 연구 참여 영매 19명 가운데 하나가 된 거죠. 심사 때 자신이 했던 진술의 정확도가 90퍼센트 내지 95퍼센트로 평가되었다는 것도 알게 돼요.

로라 린은 윈드브리지 연구소의 심사를 받기로 한 날, 저세상과 맺은 약속대로 자신의 영적 능력에 대해 더는 의문을 갖지 않기로 결심해요. 저세상과 연결되어 있음을 명예롭게 여기고, 영적 능력을 더 개발하여 최대한 많은 사람을 돕는 일에 헌신하기로 한 거죠. 또 영적 능력을 연구하는 과학자들에게 기꺼이 연구 대상이 되겠다는 다짐도 해요.

이런 검증을 거쳐 로라 린은 윈드브리지 연구소에서는 과학적인 방법으로, 영원한 가족 재단에서는 유족들을 위해 일할 수 있게 된 거죠.

첫 공적 상담

로라 린이 영원한 가족 재단에서 영매로 공인받은 후 처음으로 했던 상담 과정이 책에 무척 감동적으로 묘사되어 있어요.

자녀를 잃고 큰 슬픔에 빠진 가족들을 만나러 고속도로를 달리고 있을 때 그 아이들의 영혼이 나타나서는 너도나도 자신의 이야기를 쏟아냈어요. 그녀는 고속도로를 벗어나 급하게 정차한 다음 작은 수

첩에다가 아이들이 하는 말을 최대한 받아 적었어요. 실제로 일어나고 있는 일인데도 그녀는 도무지 믿기지 않았죠. 저세상으로부터 그렇게 연속적인 메시지가 쏟아진 건 처음이었으니까요. 몇 분 후 부모들이 기다리고 있는 행사장에 들어섰는데, 숨이 막힐 듯 고요했어요.

로라 린이 자신의 소개를 마치자 저절로 이야기가 흘러나왔어요. "여러분의 자녀들이 이 자리에 와 있고, 아이들이 여러분에게 해주고 싶은 이야기가 있다고 합니다." 그 순간 아이들의 영혼이 그녀의 마음속 스크린에 빛의 점으로 나타났어요. 그들은 선명하고 강하게 모습을 드러냈어요. 짜릿한 일이었죠. 그녀는 아름다운 아이들과 그들의 아름다운 에너지에 둘러싸여 있었어요.

"여러분의 자녀들이 이렇게 얘기하네요. '이제 저희 걱정은 하지 마세요. 저희는 잘 있고 괜찮아요. 걱정이나 두려움은 내려놓으셔도 돼요. 그래야 우리가 함께할 수 있어요. 알려드리고 싶은 게 너무 많아요'라고요."

아이들은 자기 부모가 의심하고 경계심을 가질 것임을 알고 있었어요. 부모들이 슬픔과 고통과 분노를 가리기 위해 주위에 벽을 쌓을 것을, 그리고 그 벽으로 인해 자신들의 목소리가 가려질 것을 알고 있었죠. 그래서 아이들은 모든 부모를 위한 공동의 메시지를 가지고 그녀에게 온 거예요.

"벽을 없애고 경계를 푸세요. 그래야 우리를 볼 수 있어요. 두려워하거나 혼란스러워하거나 거부하지 마세요. 지금 이 순간 우리가 여기 엄마 아빠 곁에 있다는 걸 알아주세요."

아이들의 메시지에서는 오직 순수한 사랑만 느껴졌어요. 고통도 두려움도 죄책감도 아닌 사랑뿐이었죠.

어떤 아이들은 이 세상에 오래 머물지 못한다고 로라 린은 말해요. 어떤 아이들은 아주 짧은 시간만 우리 곁에 머물지만, 그 시간 동안 사랑에 대한 깊은 교훈을 배우고 가르친다는 거예요. 또 그들이 죽은 후에도 세상에 미치는 영향은 끝나지 않는다고 말해요. 로라 린은 자신의 책에서 이렇게 표현해요.

"그들은 언제나 우리 곁에 있으며 사랑을 가르쳐준다."

긴즈버그 부부의 딸 베일리도 이곳에 겨우 15년을 머물렀지만 계속해서 세상을 더 나은 곳으로 변화시키고 있는 거죠. 부부는 딸 베일리에 대한 초월적 사랑을 기리기 위해 영원한 가족 재단을 만들었고, 부부와 딸, 이 세 사람은 빛과 치유의 군단으로 함께 일하고 있으니까요.

로라 린의 뇌

로라 린에게 남아 있던 마지막 궁금증은 자신의 뇌가 다른 사람들과 어떻게 다른가 하는 것이었어요. 마침 그 질문에 대한 답을 얻을 기회가 왔죠. 2013년 11월 샌디에이고에서 있었던 사후세계에 대한 학회에서 동료 영매로부터 제프 탤런트Jeff Tallent 박사를 소개받아요. 그는 뇌파 활동을 측정하고 훈련하는 치료 도구인 뉴로피드백 분야의 전문가였는데, 2014년 긴즈버그 부부의 집에 장비를 설치한 후 로라 린의 뇌파 검사를 실시해요.

각 단계에 뇌의 다양한 부위에서 일어나는 전기적 활동을 기록하고, 그 데이터를 통해 뇌의 어떤 부위들이 언제 활성화되는지, 또 그녀의 뇌가 소위 정상적인 다른 뇌들과 무엇이 다른지 비교했어요. 뇌의 외층 조직인 대뇌피질의 전기적 활동을 통계적으로 분석하는 정량뇌파검사QEEG였죠.

검사 결과, 로라 린의 뇌파 유형은 외상성 뇌 손상을 입은 사람들과 거의 일치했어요. 뇌의 일부는 정상적으로 작동하지 않았고, 대뇌반구 안쪽 면에 있는 대상회의 뇌파 수치는 기준치를 넘어선 상태였죠. 초능력을 사용할 때는 두정엽과 측두엽이 만나는 뇌의 오른쪽 뒷부분에서 비정상적인 활동이 매우 활발하게 나타났고, 정상적인 뇌에서 발견되는 작고 일정한 파동 대신, 깊은 잠이나 혼수상태에 빠진 사람들에게서 주로 나타나는 크고 불규칙한 파동이 기록되어 있었어요. 뇌파 전압은 0~60마이크로볼트를 정상 범위로 보는데, 그녀의 뇌의 어떤 부위에서는 150마이크로볼트까지 올라갔어요. 발작이 일어날 때의 뇌파 활동과 같았죠.

제프 탤런트 박사는 두정엽과 측두엽이 만나는 부위의 기능을 특히 흥미로워했는데, 뇌의 이 부분이 손상을 입으면 사람들이 더 영적이고 너그러워지며 관대하게 변하는 경향이 있다고 했어요. 자신에 대해 생각하기보다 다른 사람에게 집중하게 되고 공감을 더 잘하는 사람이 된다는 거죠.

이런 진단이 그녀는 놀랍지 않았는데, 자신이 하는 일이 바로 자신에 대한 생각을 멈추고 거기에 쓸 뇌 역량으로 다른 사람과 연결되며 공감을 극대화하는 것이었기 때문이죠. 또 영적 상담을 할 때 자신의 자아가 사라지고 자신의 페르소나를 넘어서는 큰 무언가와 연결된다는 것, 그리고 뇌 어딘가에 이를 가능하게 하는 통로가 있다는 것을 느끼고 있었기 때문에 탤런트 박사의 다음과 같은 말도 이해했어요.

"잠든 상태도 아니고 의식이 없는 것도 아니고 명상하는 것도 아닌데 뇌의 일부가 작동하지 않는다. 마치 의식적으로 뇌를 물러나 있게 해서 다른 사람들이나 메시지들이 나타나도록 하는 것 같다. 그리고 뇌 스스로 이런 변환을 하는 것 같다."

QEEG를 통해 그녀가 초능력을 사용할 때 뇌의 한쪽이 활성화되고, 영적 상담을 할 때는 또 다른 쪽이 활성화된다는 사실도 알게 되었죠. 이것은 그녀가 영적 상담을 할 때 머릿속에서 두 개의 스크린을 사용해 영혼을 감지한다는 사실과 연결돼요. 자신이 조절하거나 만들어낼 수 없는 일들이 그녀의 뇌에서 일어난다는 것을 확인하게 된 거죠. 왜 그런 현상들이 일어나는지에 대해서는 여전히 밝혀낼 수 없었지만 말이에요.

또 탤런트 박사는 로라 린이 영적 상담을 하며 받는 일련의 정보를 처리하는 능력이 있다고 결론 내렸고, 그녀도 인정했어요. 그녀의 뇌에는 초능력과 영매 능력을 사용할 때 보이는 시각적 자극을 처리하는 완전 가동 상태의 기제가 실제로 존재했죠.

한편, 로라 린의 뇌는 표준 인간의 뇌이므로, 그런 기제가 우리 모두의 뇌에 존재할 수도 있다고 추론했어요. 어쩌면 미래에는 그녀처럼 변환된 상태에 이르는 법을 사람들에게 가르칠 수 있을지도 모르고, 우리 스스로 그 단계에 이르도록 뇌를 개발할 날이 올지도 모른다는 거죠. 우리는 뇌에 대해 아직도 모르는 게 많다면서요.

그녀는 그런 변환의 기제가 우리 모두에게 있다고 믿어요. 누구나 생각의 에너지를 우리가 아닌 다른 사람에게 더 집중하면 더 많이 공감할 수 있다는 것을요. 또 세상을 떠난 사랑하는 이들과 소통하기 위해 반드시 영매가 필요한 건 아니라고도 말해요. 우리가 마음을 열기만 하면 영혼들이 우리에게 보내는 신호와 메시지를 감지할 수 있고, 매일의 삶 속에서 그들의 존재를 느낄 수 있다는 거예요.

저세상에 있는 영혼들이 로라 린을 어떻게 찾아내는지, 그리고 그녀의 몸과 스크린을 어떻게 다루는지 궁금한데, 그들은 그냥 알더라고 했어요. 우리는 한때 우리가 사랑했던 모든 이들과 빛의 끈으로 연결되어 있고, 이 끈은 절대 닳아 끊어지지 않으며 더 강해질 수도 있다고 말해요. 우리의 생각과 행동이 저세상에 있는 영혼들에게 여전히 중요할 뿐 아니라, 우리의 사랑과 이해로 그들이 계속 성장하도록 도울 수 있다고 해요. 또 죽은 다음에는 지상에 있을 때는 할 수 없었던 방식으로 많은 것을 깨닫기도 한다고 해요. 로라 린은 말해요.

"우리에겐 사랑하는 이들을 치유할 수 있는 힘이 있다."

떠나지 않은 딸

병으로 세상을 떠난 제시의 부모가 상담을 받으려고 로라 린과 마주 앉자 제시의 영혼이 로라 린에게 자신의 몸 전체를 보여줬는데, 병이 온몸으로 퍼졌다는 뜻 같았어요. 이어서 자기 머리를 보여줬어요. 병이 뇌까지 퍼졌다는 걸 알리고 있었죠. 3일이라는 시간이 표시된 선도 보여줬어요. 병이 빠르게 진행되었다는 의미였죠.

"병이 혈관으로 침투해 뇌까지 손상을 입혔네요. 그때는 딸을 보내줄 수밖에 없었고요."

제시의 엄마와 아빠는 제시의 뇌출혈에 대해서나 생명 유지 장치를 제거해야 했던 이유에 대해 아무한테도 말하지 않았어요. 그러나 제시는 자신이 그들 곁에 여전히 있다는 걸 증명해 보여 이해시키려고 로라 린에게 그 사실을 알려준 거예요.

"제시는 자신이 떠나지 않았다는 걸 부모님이 알아주길 바라요. 자기는 앞으로도 부모님을 떠나지 않을 거라고요. 자기는 언제나 부모님의 딸이고 항상 사랑한다고 하네요. 부모님은 딸을 잃은 게 아니고 앞으로도 그럴 일은 절대 없을 거라고 말하고 있어요."

용서는 우리를 치유한다

로라 린이 조앤이라는 중년 여성과 영적 상담을 시작하자 바로 조앤의 아버지가 나타났어요. 그는 자신이 30년 전 스스로 목숨을 끊은 데 대해 딸에게 사과의 말을 전하며 그땐 제정신이 아니었다고 했어요. 조앤은 자기도 잘 알고 있고 이미 수년 전 아버지를 이해하고 용서했다고 말했죠. 그다음 조앤의 아버지는 로라 린에게 조그만 새끼 고양이를 보여주며, 조앤이 고양이가 잘 있다는 걸 꼭 알아야 한다고 했어요.

조앤은 어렸을 때 고양이는 높은 데서 떨어져도 가뿐히 착지한다는 이야기를 들었어요. 그게 사실인지 확인하려고 5층 아파트의 창문 밖으로 고양이를 떨어뜨렸고, 인도에 떨어진 고양이는 죽고 말았죠. 이후 50년간 조앤은 자신이 한 행동에 대해 깊고 쓰라린 죄책감을 느끼며 살았고, 자신이 끔찍한 사람이라는 생각을 떨쳐버릴 수가 없었어요. 고양이를 죽인 자신을 결코 용서할 수 없었고, 그 때문에 삶은 더 힘들고 어두워졌죠.

조앤의 아버지는 조앤에게 말했어요. "그만해라. 이제 그만 내려놔. 네가 짊어지고 있는 죄책감은 네가 감당해야 할 것이 아니란다. 이제 그만 너 자신을 용서하고 떨쳐버리렴."

상담이 끝난 후 조앤은 죄책감을 조금씩 덜어내기 시작했어요. 자신이 저지른 실수를 곱씹으며 보내는 시간도 줄어들었죠. 오랜 세월 자신을 끔찍하고 몰인정한 사람이라고 여겼는데 이제는 친절하고 다정하며 선한 사람이라고도 보게 되었어요. 빛의 길을 끌어안으면서 일어난 변화였죠.

자신과 타인의 불완전함을 받아들이고 사랑하고 용서할 수 있는 능력은 우리가 가진 가장 커다란 장점이라고 로라 린은 말해요. 사랑과 용서는 계속되니까요. 우리 삶에는 언제나 용서를 바라는 누군가가 있을 것이고, 그 누군가가 나 자신이 될 수도 있다는 거죠.

때로는 용서하지 못하는 마음이 저세상으로까지 이어지기도 하는데, 그제야 사람 사이의 관계가 이 세상 이후까지 이어지며 용서의 필요성이 절대 사라지지 않는다는 걸 깨닫게 된다고 해요. 이 교훈을 배워야 빛의 길을 따라가 참되고 진정한 자신이 될 수 있다고요. 그런데 다행인 건, 용서하기에 너무 늦은 때는 없고, 용서를 구하는 일 역시 그렇다는 거예요.

저세상에서 하는 모든 일은 사랑으로 이뤄져 있어서, 우리가 용서를 구하지 않더라도 저세상에서는 우리를 용서할 방법을 어떻게든 찾아낸다고 해요. 저세상으로부터 용서를 받기 위해서는 그저 용서를 구하기만 하면 된다는 거죠. 로라 린은 강조해요.

"용서는 우리를 치유한다."

동물들의 천국

저세상에 있는 반려동물들과도 소통할 수 있을까요? 로라 린이 반려견 레트리버를 안락사로 떠나보낸 여성의 상담을 시작하자 레트리버가 그녀가 어렸을 때 키웠던 작은 테리어와 함께 저세상에 있는 모습이 보였어요. 고통 없이 편안하고 행복해 보였죠.

"레트리버가 자신의 죽음에 죄책감을 갖지 말라고 당신에게 말하네요. 당신은 옳은 일을 한 거예요. 그때는 그냥 레트리버가 떠날 시간이 되었던 겁니다. 당신은 레트리버가 떠날 때 곁을 지켰어요. 당신이 보여준 깊은 사랑을 마음속에 품고 떠났어요."

로라 린은 동물들이 죽으면 들판을 뛰어다니고 하늘을 날며 해초 사이로 헤엄치면서 고통 없이 편안하고 행복하게 지낸다고 말해요. 그들이 지상에서 받은 모든 사랑에 감사하면서요. 그들은 우리를 기다리고 있으며 우리는 그들을 다시 만날 거라고 해요.

스콧의 만찬

수전과 프레드 부부와 상담할 때 일이었어요. 로라 린의 빛의 스크린에 모습을 드러낸 스콧의 영혼은 정말 유쾌했죠. 그는 가족들이 너무나 사랑하던 모습 그대로를 보여줬어요. 그런데 스콧이 알려준 가장 중요한 내용은 자신이 지금 들떠 있다는 사실이었죠.

"두 분이 스콧의 이름으로 하는 일 덕분에 자신이 계속 세상을 변화시킬 수 있어 굉장히 기쁘다고 합니다. 여러분은 다른 사람들을 돕기 위해 빛의 군단으로서 함께 일하고 있는 겁니다."

수전과 프레드는 스콧이 죽은 다음 해부터 스콧의 이름으로 자선기금을 마련하기 위해 1년에 한 번씩, 스콧의 생일과 가장 가까운 11월의 토요일에 만찬 자리를 만들고 있었어요. 첫 번째 만찬엔 100여 명이 참석했고, 서아프리카 어린이들에게 식량을 제공하기 위한 3만 6,000달러의 기금이 모였죠. 그때부터 그들은 '시리아의 아이들'이라는 단체를 위해 수천 달러를, 그리고 말리의 굶주리는 아이들을 위해 5만 달러가 넘는 기부금을 마련했어요.

수전이 말했어요. "우리는 그 행사를 '스콧의 만찬'이라고 불러요. 스콧은 아이들을 정말 좋아했거든요. 아이들을 돕는 것도 좋아했죠. 어린아이들이 늘 저를 찾아와 스콧이 자신들의 인생을 얼마나 변화시켰는지 이야기한답니다."

스콧은 부모님이 자기 이름으로 하는 일에 감사하고 있으며, 부모님이 슬픔 속에 사는 걸 원하지 않는다는 걸 전하고 싶어 했어요.

로라 린은 세상을 떠난 이를 기리는 가장 강력한 방법은 그들의 이름으로 빛을 전파하는 것이라고 말해요. 저세상에 있는 사랑하는 사람을 우리 삶에 계속 존재하게 할 뿐 아니라 세상에 긍정적인 영향을 계속 끼치게 한다는 거죠. 우리가 누군가의 존재를 기리며 5킬로미터 달리기를 하면 그 사람도 우리와 함께 달리는 셈이고, 자선 만찬을 열면 그 사람도 그 자리에 함께한다고요.

저세상에 있는 사랑하는 이들은 언제나 우리가 무엇을 하는지 알고 있고, 우리가 그들의 이름으로 빛을 전파하는 걸 무척 중요하게 여긴대요. 그들은 늘 우리가 비극적인 사건을 희망으로 바꿔, 열린 마음으로 활기찬 삶을 살기를 원한대요. 우리는 가능한 한 밝고 충만하게 살아야 하며, 그들은 그런 우리 곁에 늘 함께 있을 거라고요.

한편, 흥미로운 현상도 있어요. 정체를 알 수 없는 전화는 저세상에서 우리에게 메시지를 보낼 때 가장 많이 사용하는 방법이라네요. 저세상의 에너지는 휴대폰의 전자파를 조정할 수 있기 때문이라는데요.

어릴 때 스콧은 전기에 푹 빠져 지냈고, 세상을 떠난 지금도 전기를 통해 자신을 표현하려고 한대요. 한번은 수전이 플로리다에 갔는데 휴대폰에 음성메시지가 하나 와 있었어요. 들어보니 아무 소리도 나지 않았어요. 수전이 말했죠. "스콧, 만약 네가 한 일이라면 빈 메시지 하나보다는 더 나은 걸 해야 하지 않겠니?" 그날 늦게 수전은 전화기에서 95개의 소리 없는 음성메시지를 발견했죠.

용서와 치유

프랭크는 비극적인 일을 당하고 처음에는 슬픔을 혼자 감당했어요. 그러나 결국 화상 피해자들에게 마음이 끌렸고, 그때부터 진정한 치유가 시작되었죠.

"남자들은 서부극 시대의 배우 존 웨인처럼 남성미 넘치는 사람이 되어야 한다고 배우죠. 저도 울거나 고통을 드러내면 안 된다고 배웠어요. 하지만 화상 피해자들에게 제 이야기를 하기 시작하자 그런 나눔이 얼마나 큰 도움이 되는지 알 수 있었습니다."

그토록 사랑하던 아내가 죽게 된 사고를 낸 남자를 용서하면서 프랭크는 자신도 용서할 수 있게 되었고, 다른 이들에게 도움을 주는 사람이 될 수 있었죠.

로라 린은 우주는 우리가 서로를 위해 존재하도록 설계되어 있으니, 고통과 슬픔에 마냥 홀로 남겨져서는 안 된다고 말해요. 방대하고 끝없는 사랑의 순환 속에 머물라고 하죠. 거기서 다른 이들로부터 사랑을 받기도 하고 다른 사람에게 사랑을 전하기도 하라고요. 고통을 나누고 사랑을 주고받을 때 우리의 슬픔도 치유된다고, 그녀는 조언해요.

자유의지

로라 린은 영적 상담을 하면서 오랫동안 고민해온 수많은 의문에 대한 답을 저세상으로부터 얻을 수 있었다고 해요.

"우리는 왜 이곳에 존재하는가? 그에 대한 답은, 배우기 위해, 사랑을 주고받기 위해, 이 세상에 긍정적인 변화를 일으키기 위해서다. 우리가 죽으면 어떻게 될까? 우리의 육신은 사라질지라도 우리의 의식은 계속된다. 우리가 세상을 살아가는 진정한 목적은 무엇인가? 사랑 안에서 성장하고 다른 사람들도 그럴 수 있도록 돕는 것이다."

또 로라 린은 사람들이 많이 궁금해하는 질문에 대해서도 답해요. 우리의 미래는 이미 정해져 있는 건지, 아니면 우리가 만들어가는 건지를요. 저세상이 로라 린에게 보여준 '존재의 유형'은 자유의지와 숙명론을 모두 아우르는 형태였어요. 그녀는 '자유의지와 운명의 점들로 이뤄진 눈부신 집합체'라고 말해요.

우리는 지상에서 개인의 삶을 구성하는 중요한 사건과 결정적인 순간, 의미 있는 주변 사람들과 같은 운명의 점들을 태어나기 전에 정해요. 지상에서 우리가 하는 역할은 한 점에서 다음 점을 연결하고 옮겨가는 행동을 스스로 선택하고 결정해가는 거예요. 그렇게 자유의지를 사용해서 저마다 삶의 그림을 완성해가는 거죠.

우리는 저마다 고유한 재능과 세상에 도움이 될 품성을 갖고 태어나기 때문에 자신의 진정한 모습을 알아보는 일이 중요하다고 해요. 그래야 운명의 점들 사이를 잘 항해할 수 있다는 거죠. 또 옳거나 그른 길은 없고, 여러 길을 통해 다양한 교훈을 배우는 거라고 말해요. 다만, 높거나 낮은 길은 확실히 있어서, 높은 길을 택하면 더 쉽게 교훈을 얻을 수 있다는 거예요.

저세상에 있는 사랑하는 이들은 우리가 최선의 길을 선택하길 바라기 때문에 때로는 우리를 돕기 위해 힘을 발휘하기도 한대요. 그럼에도 종종 우리는 사랑의 길이 아닌 두려움의 길로 들어서는 결정을 하고 궤도에서 벗어나 길을 잃어버리기도 하는데, 그런 때조차도 참된 길로 되돌아갈 수 있는 타고난 능력이 있다는 걸 잊지 말라고, 로라 린은 당부해요.

  2021년 1월 넷플릭스에 올라온, 죽음 전후에 일어나는 현상들을 다룬 6부작 다큐멘터리 「서바이빙 데스」에서 로라 린 잭슨의 인터뷰를 볼 수 있어요.

리사 윌리엄스

리사 윌리엄스의 영적 능력과 인도령

  리사 윌리엄스의 책 『죽음 이후의 또 다른 삶』이라는 제목 앞에는 '영매와 인도령들에게서 듣는'이라는 부제가 붙어 있어요. 이 책은 실제로 그녀의 인도령들이 불러주는 내용을 받아 적은 것이라고 해요.

  리사는 호주 울룰루 거석, 에어즈록을 방문한 후 근처 호텔에서 원고를 쓰려고 하던 중 평상시와는 전혀 다른 에너지를 받아요. 마치 우주의 근원과 직접 연결되고 있는 것처럼 무척 강렬한 느낌이었죠. 리사는 손가락이 컴퓨터 자판 위에서 저절로 움직이도록 놔뒀는데, 키보드를 치고 있는 것은 물질 차원의 몸뿐이었고, 그녀의 영혼은 몸 바깥으로 나와 있었다고 해요. 몇 시간을 그렇게 받아 적은 다음 리사의 의식은 점차 몸 안으로 돌아왔고, 돌아온 리사의 의식은 30여 분간 자신의 질문에 대한 인도령의 명확한 설명을 들으며 새로운 정보들을 소화했어요.

리사 윌리엄스는 어려서부터 영혼과 대화를 나눴고, 어떤 일이 일어나기도 전에 그 일이 언제 일어날지 미리 알기도 했어요. 하지만 17세가 되어서야 자신의 영적 능력을 온전히 인정할 수 있었어요. 자신이 심령적 직관과 죽은 사람들과 통신하는 탁월한 능력을 갖고 있다는 걸 여러 사람이 알아보고 지지해준 덕분이었죠.

  심령가와 영매가 일하는 방식은 서로 다르다고 해요. 심령 상담에서 상담가가 직관과 내적인 앎을 활용해 미래에 일어날 사건이나 상황을 내다본다면, 영매는 이 세계와 다른 세계를 연결해주는 중재자예요. 영매는 무선 송신기 역할을 하고 영들은 디제이 역할을 해서, 영매를 통해 그들의 메시지를 내담자들에게 전해요. 영매의 능력은 주파수를 정확하게 방송국에 맞추고 연결한 다음, 메시지를 얼마나 명쾌하고 확실하게 들려주느냐에 따라 평가되죠.

  리사가 하는 일은 사후세계로 건너간 사랑하는 이들의 사랑, 위안, 희망, 치유의 메시지를 전달하고 서로 소통시켜 주는 일이에요. 그런 과정을 통해 사람들은 삶과 죽음의 여정을 받아들여 치유되고 성장하고 다음 단계로 나아가게 되죠.「고스트 위스퍼」,「식스 센스」,「사랑과 영혼」등과 같은 드라마와 영화에서 이야기의 재미를 위해 가공한 일부분을 걸러내고 본다면, 영매의 실제 능력과 역할에 대해 많은 걸 이해할 수 있어요.

  리사는 이 책의 이야기들이 사람들에게 영적 상담을 해줄 때 영spirit이 들려준 이야기이거나 인도령들spirit guides이 해준 이야기라고 설명해요. 여기서 '영'은 사후세계에 들어간 영혼들을 통틀어 일컫는 말이에요. 또 누구에게나 인도령 팀이 있어요. 리사의 인도령 벤은 말해요.

"영혼은 우리 존재의 가장 핵심적인 본질이며 모든 정체성의 핵심입니다. 삶과 죽음의 모든 측면을 지배하고, 인격과 두려움과 사랑과 열정 모두를 포괄하죠. 의식이나 에고와 다릅니다. 영혼의 힘은 육체적인 현상이 아닌 온몸으로 맥박 치며 퍼져나가는 순수한 에너지입니다. 영혼은 웅대한 힘을 갖고 있어서 파괴될 수도, 해를 입을 수도 없습니다. 사람들이 당신의 영혼을 아무리 부숴버리려고 해도 아무런 상처를 입지 않을 정도로 영혼은 강인합니다. 우리의 영혼은 장차 지상에서 겪을 모든 일과 현생과 전생에서 이미 경험한 모든 일의 열쇠를 지니고 있습니다."

자신의 인도령들에 대해 모르는 사람이 많은데, 인도령들은 우리가 태어나기 전에 맺은 서약을 지상계에 있는 동안 완수할 수 있도록 돕는다고 해요. 필요한 경험들을 꼭 경험하고 최대한 많은 것을 배우도록 우리 삶 속의 사건들에 영향을 미치려고 노력한다는 거예요. 또 인도령들은 팀을 이뤄 다양한 방식으로 작전을 펼치기도 하고, 때로는 극적인 방법을 통해서 우리를 인도하기도 한대요. 우리가 듣지 않는다고 해서 포기하지도 않고요.

인도령들은 늘 우리에게 말을 건다는데, 그들이 사용하는 언어는 우리가 사용하는 언어와 매우 비슷해서 마치 우리가 우리 자신에게 말하는 것처럼 느껴진대요. 하지만 주의 깊게 귀를 기울여보면 우리의 목소리보다 반음 정도 올라간 어조로 이야기한대요. 또 우리들의 직감이나 직관을 통해서도 소통하는데, 내면의 목소리라고 느껴지는 것이 인도령들의 메시지일 수 있다는 거예요. 어떤 사람이든지 자기 내면이 가장 깊은 지혜의 근원이고, 모든 답은 자기 안에 있다고 해요.

"우리 인도령들은 그대들에게 단지 길을 보여줄 수 있을 뿐이에요. 어느 길로 갈 것인지, 삶을 어떻게 살고 싶은지를 결정하는 것은 그대들이죠. 우리는 그대들이 전생으로부터의 흉터들과 상처들을 치유해 영혼이 진화되도록 돕지만, 이것도 그대들 스스로 깨쳐야 가능합니다. 그러니 사람들이 끔찍하고 사악한 짓을 한다면 그것은 그들의 선택인 거죠."

은빛 코드와 아스트랄계 여행

지상계에 사는 동안에도 영혼이 자주 몸을 떠나는데, 이를 통해 몸이 치유받기도 하고, 인생 여정에 필요한 정보를 잠재의식으로 받아들이기도 해요.

리사 윌리엄스가 '야간나들이'라고 하는 아스트랄 여행, 또는 체외이탈은 살아 있는 동안에 영혼과 몸이 분리되는 현상이에요. 일단 분리되면 영혼은 물질계에 구속받지 않은 채 마치 허공을 나는 것처럼 느끼죠. 누구나 잠자는 동안에 아스트랄 여행을 하지만 여행을 하는 동안이나 하고 나서도 그 사실을 대부분 인지하지 못해요. 잠이 들면 잠재의식이 주도적으로 활동해 뇌파 진동수가 높아지고, 영계와 연결되는 것이 더 수월해져요.

이때 은빛 코드silver cord가 영혼을 잡아당겨서 물질계에 존재하는 육체에 안정적으로 묶여 있게 해요. 우리 몸의 일곱 개의 차크라와 각각 연결되어 있는 이 코드는 우리 존재의 근원으로부터 나온 일종의 생명선이어서, 자궁 속 태아에 연결된 탯줄처럼 우리 몸에 영적 에너지와 정보를 공급해줘요. 차크라는 신체의 에너지 중추 역할을 하는 에너지의 소용돌이예요. 이 코드는 사후세계로 건너갈 시간이 올 때까지 끊어지지 않고, 우리를 지구상에 존재하도록 꼭 붙들어 매는 역할을 한다고 해요.

소울메이트

리사의 또 다른 인도령인 조슈아는 소울메이트에 대해 이렇게 얘기해요.

"소울메이트는 '쌍둥이불꽃'이라고도 부르는데, 마치 당신의 또 다른 반쪽인 것처럼 당신을 완벽하게 보완해주는 영을 말합니다. 당신은 소울메이트를 지상의 삶 속에서 만났을 수도 있고 만나지 않았을 수도 있습니다. 또 당신이 혼인 관계를 맺었거나 연인 관계를 맺었던 사람이 당신의 소울메이트가 아닐 수도 있습니다. 깊은 사랑이 있었을지라도요.

당신과 당신의 소울메이트는 지상에서 만나지 않기로 결정했을 수도 있습니다. 왜냐하면 둘 다 해야 할 일이 있다고 느껴서 걸림돌이 없기를 바랐기 때문이죠. 만약 지상의 삶을 둘이 함께했다면 서로에게 완전히 빠져서 소울메이트 관계의 특징 중 하나인 사랑과 치유를 나누는 데만 집중했을 테니까요.

만약 당신이 이번 생에서 소울메이트를 만나게 된다면, 그 사람은 어릴 때보다는 나이가 좀 들었을 때 당신의 삶 속으로 오게 될 가능성이 큽니다. 우선 다른 사람들과 어울리면서 여러 가지 교훈을 경험할 필요가 있었기 때문이죠. 만난 지 몇 분도 안 되어서 당신은 그 사람과 영원히 함께 할 것임을 즉각적으로 알게 되기 때문에 압도당하는 기분이 들 수도 있습니다. 그런 강한 친밀감은 두 사람에게 두려움을 불러일으킬 수 있죠. 특히나 성장 과정에서 감정을 드러내지 않도록 교육받았다면 말이에요.

이승에서 소울메이트를 만날 때 두 사람이 경험하게 되는 감정은 때로 견디기 힘들 수도 있습니다. 상황 전체가 매우 감정적으로 느껴져서 처음에는 이해가 안 되고, 자신이 왜 그런 감정을 느끼는지 어리둥절할 수 있습니다. 두 사람이 늘 연결되어 있다는 느낌과 계속 함께 있고 싶다는 마음 때문에 평소 잘하던 일조차도 집중이 되지 않는 것을 깨닫게 되니까요. 이것은 단순히 매혹되는 것 이상의 일입니다.

이것은 가슴을 꽉 채우고 있는 어떤 감정이죠. 소울메이트와 함께 있으면 온전해지는 느낌이 들고, 소울메이트와 멀리 떨어져 있으면 마치 자신의 한 부분을 잃어버린 것 같은 느낌이 듭니다. 꿈 얘기를 나누다가 두 사람이 완전히 똑같은 꿈을 꿨다는 것을 발견하기도 하는데, 이건 두 사람이 함께 아스트랄 여행을 했기 때문이죠.

그런데 소울메이트를 만났다고 해서 관계가 항상 쉽게 풀리는 것은 아닙니다. 많은 경우 상대방은 당신과 정반대의 성격과 기질을 갖고 있고, 때로는 인생 목표와 삶의 방향조차 서로 대치되기도 합니다. 두 사람은 매우 다른 성장 배경을 통해 특정한 사고방식을 갖고 있을 수 있지만, 서로의 삶을 깊이 인정하고 아낍니다.

또 소울메이트는 삶의 균형을 서로 잡아주게끔 되어 있어서 서로의 삶에서 모자라는 것을 제공해줍니다. 이것은 매우 만족감을 가져다주는 동시에 거칠고 힘든 과정이기도 합니다. 왜냐하면 이 과정에서 갈등과 다툼을 유발하는 많은 장애물을 극복해야만 하니까요.

한편, 만약 당신이 늘 이성과 애정 관계를 맺어왔는데 소울메이트가 동성인 경우, 충격으로 다가올 수 있습니다. 만약 당신이 여자라면, '이 사람이 정말로 내 소울메이트라면 어째서 남자가 아니지?'라고 생각할 수 있을 거예요. 하지만 기억하세요. 모든 계획은 태어나기 전에 맺은 서약을 통해서 만들어지는 것이며, 동성애를 나누는 것이 당신과 당신의 소울메이트, 또 당신들의 가족까지 포함해서 모두가 함께 배워야 할 교훈의 일부일 가능성이 크다는 것을요."

리사에게 상담을 의뢰했던 앤 역시, 처음엔 본인과 가족들 모두 힘들어하고 혼란스러워했지만 결국 두 여자 사이의 동성애를 받아들이

게 되었고 서로 좋아하며 가깝게 지내게 되었어요. 이 일은 앤을 비롯해 가족 모두에게 교훈을 줬어요. 누군가가 나와 다르더라도 자기만의 삶을 사는 것을 허용할 수 있도록 마음을 너그럽게 가져야 한다는 교훈이었죠. 앤은 우리가 사랑에 빠질 때 그것은 그 사람의 영혼과 사랑에 빠지는 것이지, 성별과 사랑에 빠지는 것이 아님을 배웠다고 했어요.

우리의 소울메이트는 온갖 방법과 형태와 겉모습을 통해 우리에게 오기 때문에, 우리가 예상하는 그 어떤 것도 다 빗나갈 수 있다는 거죠.

영혼의 가족

인도령과 소울메이트 외에도 우리는 '영혼의 가족'과 연결되어 있다고 해요. 함께 팀을 이뤄 살면서 서로 영향을 끼치고 돕는 관계죠. 영혼의 가족은 이번 생에서 깨쳐야 할 교훈이 무엇인지, 또 지상계에 환생하기 전에 맺은 서약이 무엇인지에 따라서 결정돼요.

영혼의 가족들과의 관계도 강렬할 수 있다고 해요. 멀리 떨어져 있어도 그들이 느끼는 것을 느낄 수 있고, 그들이 전화를 걸거나 이메일을 보내려고 할 때 그것을 미리 감지할 수도 있어요. 또 서로 진심으로 사랑하고 이해한다고 느끼고, 늘 연결되어 있다고 느껴요.

지상계를 떠나 사후세계에 도착하면 영혼의 가족에게로 돌아가는데, 이 가족들은 우리를 무조건적으로 사랑하며 영적으로 성장하도록 도와주고, 사후세계에 있는 내내 함께 지내요.

영혼의 가족과 소울메이트와 인도령들은 우리가 영혼으로서 성장하고 발전해갈 수 있도록 헌신하는 환상의 팀을 이루고 있다고 해요. 지상의 삶에서만이 아니라 사후세계로 이어지는 여정에서도 말이에요.

저세상으로 건너가기

리사의 인도령 벤이 알려준 바로는, 우리의 영혼은 현재 지상의 삶으로 돌아오기 전에 사후세계에서 '인생서약서'로 약정을 맺는다고 해요. 삶 속에서 무엇을 경험하거나 성취하고 싶어 하는 것도 그 서약서에 따른 것일 수 있는 거죠. 그래서 모든 답은 이미 우리 안에 있다고 말하는 것이고, 명상은 바로 그 답으로 우리를 안내한다고 해요.

사람이 혼수상태에 있을 때면 영혼이 몸으로부터 자유로워져서 어디든지 원하는 대로 갈 수 있다는 걸, 리사는 상담을 통해 알게 되었어요. 영혼이 자유로워지면 몸이 치유를 받아 회복되기도 하고, 사후세계로의 여행이 시작되기도 해요.

영혼이 지상계를 떠나가는 방식은 몇 가지 요소에 의해 결정된다는데요. 어떤 사람은 출생 전에 세운 계획에 따라서 그 시점에 세상을 떠나고, 또 여러 번의 퇴장 시점을 갖고 있어서 선택의 기회가 많은 사람도 있다고 해요. 이런 유연성 덕에 자유의지로 어느 정도 죽음의 시기를 바꿀 수도 있다는 거죠. 리사의 인도령들은 다음과 같이 영혼이 지상계를 떠나가는 과정을 설명해요.

"그대들이 세상을 떠나기 한참 전부터 우리 인도령들은 앞으로의 여정을 위해 그대들을 준비시킨다. 그대들은 자는 동안 아스트랄계를 여행하면서 이 과정에 익숙해지기 위해 사랑하는 이들과 가고 싶었던 장소를 방문한다. 사람들이 죽기 전에 신기하고 생생한 꿈들을 꿨다고 이야기하는 건 이 때문이다. 한편 우리는 저세상에 있는 그대의 사랑하는 사람들이 그대를 맞이해서 자기 역할을 잘 해낼 수 있도록 확실히 준비시킨다.

나가는 문이 열렸을 때 그대들은 떠나지 않기를 선택할 수도 있고, 또한 자기 시간이 되기 이전에 떠나기를 선택할 수도 있다. 만약 그대가 시간이 되기 전에 떠나기를 택하면 우리는 그대를 되돌려 보낸다. 이것이 바로 '근사체험'인데, 이는 그대가 아직 지구에 온 목적을 완수하지 않았기 때문이다."

"보통 우리는 그대의 임종 2주 전부터 더욱 적극적으로 긴밀하게 그대를 돕기 시작한다. 우리는 그대에게 영향을 미쳐서 사랑하는 이들에게 전화를 걸게 하거나 편지를 쓰게끔 하고, 또 그대가 잔뜩 흐트러진 물건들을 남겨두고 떠나는 것을 걱정하지 않아도 되도록 주변에 널려 있는 물건들을 정리하게 한다. 이런 모든 준비는 전환 과정의 한 부분이며, 저세상으로 건너왔을 때 어려움을 겪지 않게 하려는 것이다.

임종이 가까워질수록 각 차원계를 분리시키는 베일이 엷어지는데, 우리는 그대가 진동수를 높여 베일을 더욱 엷어지게 만들게끔 돕는다. 진동수를 높이면 지상의 육신을 더 쉽게 내려놓을 수 있다.

세상을 떠나기 사흘 전부터 이 과정은 더욱 심화된다. 우리 인도령들은 두 세계 사이의 경계와 그대 가까이에 머문다. 특히 우리는 그대의 정신 상태를 지켜보며 그대가 최대한 평안해지도록 돕는다. 그대를 평안한 상태로 인도하는 것은 매우 중요하다. 왜냐하면 마음이 안정되고 평안하지 않으면 전환 과정에서 두 세계 사이에 갇혀버릴 위험이 있기 때문이다.

이 시점에서 우리는 그대의 영혼이 지고 있는 무거운 짐들—죄책감, 미워함, 두려움, 분노 등과 같은 부정적인 모든 것—을 많이 없애주기 때문에, 그대가 드디어 세상에서의 인연과 의무로부터 벗어날 때는 자유와 전율을 느낄 것이다.

보통 세상을 떠나기 24시간쯤 전부터 그대는 흰빛이 반짝거리는 것을 보기 시작할 것이다. 전환 과정 중에 이 시점이 그대를 데려가기 위해 오기로 되어 있는 모든 영이 단체로 그대를 찾아오는 때다. 이것이 우리 영들이 베일을 건너 그대와 소통하는 방식이다. 우리는 한 무리를 이뤄 우리가 모을 수 있는 모든 에너지를 가지고 그대와 소통한다.

 그대는 우리가 가까이 있는 것을 느끼거나 실제로 볼 것이며 우리가 방 안에 있다고 말할 것이다. 어떤 경우에는 죽음을 맞은 사람이 우리의 에너지를 이용해서 생전에 자기가 알던 사람의 이미지를 투사하기도 한다. 그러면 우리는 힘을 모아서 이 이미지가 죽어가는 이에게 보이도록 돕는다. 여기에는 많은 에너지가 필요하다."

"건너갈 시간이 다가오면 본인이 죽을 시간을 결정한다. 우리는 그들이 의식과 무의식을 왔다 갔다 하는 동안 그들과 대화를 나눈다. 대부분의 영혼은 쉽게 달랠 수 있고 매우 직접적으로 교신할 수 있어서, 자신의 시간을 선택하고 기꺼이 건너온다. 그들이 준비되면 우리는 영혼을 몸 밖으로 들어내는 일을 돕고, 몸과 영혼을 연결하는 은빛 코드를 자른다. 만약 어떤 사람이 저항하면서 죽음을 거부하면 몸이 완전히 쇠진할 때까지 기다린다.

 보통 그대는 가까운 이들로부터 떠나도 좋다는 허락을 받았거나 보고 싶어 한 모든 이들이 그대를 방문한 이후로 떠날 시간을 정한다. 아니면 그대는 아직도 자아가 강해서 아무도 속상하게 만들지 않으려고 친구나 가족이 없는 시간을 고를 수도 있다. 이 모든 선택은 그 사람의 성격에 의해 좌우된다.

베일을 지나오는 순간까지 그대는 여전히 선택권을 갖고 있는 한 사람이기 때문이다. 가끔 몸이 먼저 쇠진해버려서 보고 싶은 사람을 다 못 보고 갈 수도 있다. 애석한 일이지만, 영혼은 그대로 남아서 보고 싶은 사람을 다 보고 갈 수 있다."

한편 갑자기 죽음을 맞이하는 경우, 인도령들은 이 일이 언제 일어날지 알고 있지만 그 정확한 순간은 모르기 때문에 미리 준비하고 있다가 몸이 외상이나 충격을 입기 전에 몸 밖으로 튕겨 나오는 영혼을 붙들 수 있다고 해요. 그래서 사고로 인해 저세상으로 건너간 많은 영혼이 치명적인 순간에 아무런 고통도 느끼지 못했다고 하는 거죠.

리사에게 상담 오기 얼마 전 아들 크리스를 오토바이 사고로 잃은 여성에게 전해준 이야기에서도 이런 사실을 확인할 수 있어요. 상담이 시작되자 리사에게 나타난 크리스의 영혼은 생전의 성격 그대로 명랑 쾌활하고 매력적이었죠. 크리스는 기름이 묻은 길 위로 오토바이가 미끄러지던 순간을 자세히 묘사했어요.

그는 넘어지면서 다리가 오토바이 밑에 깔렸어요. 커브에 있는 돌 벽을 향해 날아가고 있을 때, "맙소사, 아프겠다!"라고 생각하며 머리를 가리려고 했는데, 그 순간 자신이 몸 밖으로 끌어당겨지는 것을 느꼈어요. 그러고는 날고 있었죠. 자신의 몸에 일어나고 있는 일들을 다 지켜보면서 말이죠.

그리고 충돌이 일어나기 전에 몸 바깥으로 나왔기 때문에 아무런 고통도 느끼지 않았다면서, 엄마에게 "울지 마세요, 엄마. 사랑해요. 그리고 내가 잘 지내고 있다는 걸 꼭 알아주세요"라고 했어요.

어두운 영혼들의 치유

사후세계로 들어가는 대부분의 영혼은 죽어서 베일을 통과한 다음, 바로 순수한 흰빛을 통과해요. 그런데 반사회적인 인격장애자나 끔찍한 일을 저지른 사람의 어두운 영혼은 자신이 지상에서 저지른 일들을 직면할 것이 두려워 탁한 흰빛을 지나 사후세계의 다른 치유의 장소로 가요. 어두운 영혼들은 더 높은 에너지의 영들과 섞이려 하지 않고, 자기 잘못이 치유될 때까지 비슷한 에너지를 가진 이들하고만 어울려요.

영계에는 각각의 영혼의 치유에 꼭 맞도록 여러 수준의 차원들이 있는데, 어두운 영혼들은 이때 선택권이 없어요. 이런 곳을 대개 '지옥'이라 부르지만, 성경이나 기타 문화 전통에서 얘기하는 그런 지옥은 아니라고 해요. 지옥은 실재하는 장소라기보다는 마음의 어떤 상태인 거죠.

그런 영혼들 역시 사후세계의 인도령과 도우미들의 도움을 받는데, 치유와 성장을 위해 모든 영혼이 겪는 과정을 어두운 영혼들은 더욱 철저하게 거쳐요. 그들이 '형량'을 다 산 후에 세상으로 돌아가 다시 적응할 수 있도록 모든 지원을 해주죠. 그러지 않으면 히틀러만큼이나 어두운 영혼들이 계속해서 지상으로 돌아가는 것을 보게 될 테니까요.

　리사가 명상을 통해서 알게 된 바로는, 어두운 영혼들은 다른 보통 영혼들보다 빨리 지상의 삶으로 돌아간대요. 또 언제 돌아갈지, 어떤 부모 밑에 태어날지를 자신이 선택할 수도 없대요. 사후세계의 관리자들이 그들이 발전적인 방향으로 나아가고 계속 치유받기에 가장 좋은 환경을 할당해줘요. 그들이 깨쳐야 할 교훈을 깨치기 위해 만나야 할 사람들과 관계를 맺는 것도 도와줘요. 예를 들어, 다른 사람들을 돕고 키우고 사랑해주는 임무를 띠고 지상계에 보내진 영혼들을 만나게 하는 거죠.

　이 어두운 영혼들은 지상에 돌아와서도 여러 생에 걸쳐 품어온 분노에 계속 매달려요. 하지만 그들도 이 거대한 환생의 쳇바퀴를 거쳐 가면서 '카르마의 대차대조표'를 맞추게 되고, 결국에는 햇빛으로 나아가요. 어떤 경우엔 몇 번의 생애만 거친 후에 반듯한 영혼이 된다고도 해요.

　한 가지 잘 알아둘 게 있어요. 정신병에 시달리는 사람들을 어두운 영혼들이라고 생각하기 쉬운데, 그렇지 않다고 해요. 어두운 영혼은 다른 사람에게 고의적으로 해악을 입힌 영혼인데, 그런 면에서 볼 때 병을 앓고 있는 영혼은 어두운 영혼이 아닌 거죠. 정신병을 앓았던 사람들은 곧바로 순수한 흰빛을 향해 나아가서 치유의 과정을 시작한다고 해요.

자살한 영혼과 인도령

자살은 비극적인 사건이고 사랑하는 사람들에게 엄청난 고통을 남기지만, 자살한 사람의 영혼은 어두운 영혼들과 같은 길을 가지는 않는다고 해요. 이 영혼들은 순수한 흰빛으로 가서 사후세계에서의 치유 여정을 계속해요.

스스로 목숨을 끊는 건 자신의 더 높은 자아와 함께 맺었던 서약을 깨뜨리는 것이고, 자신의 여정을 제대로 끝내지 않은 거죠. 스스로 완수하겠다고 나섰던 여정을 도중에 멈췄기 때문에 별도의 해결이 필요해요. 그들은 자신의 삶을 직면하고 자신에게 필요한 교훈을 얻기 위해 무척 많이 노력해야 한다는 것도 알아요. 쉬운 과정은 아니지만, 자살한 영혼들은 인도령들의 엄청난 도움을 받아 치유를 받고 때가 되면 다음 단계로 나아가요. 영혼이 일단 자신의 길을 찾아서 힘을 회복하면, 그는 앞으로의 삶을 위한 준비를 다 갖춘 셈이죠.

우리는 모두 자신이 다음 생에 어떤 삶을 살지를 선택하고 계획을 세울 수 있어요. 그런데 스스로 목숨을 마감한 이들은 특정한 교훈을 깨쳐야 해서 선택의 폭이 좁다고 해요. 영혼들은 다음 생에서 그 특정한 교훈을 깨치는 데 어떤 구성원의 가족이 가장 적합할지, 인도령들의 조언을 받으며 계획을 짜요. 그런 과정들을 거쳐 삶에 대해 완전히 새로운 시각을 갖추고 환생하는 거예요.

「butterfly」_watercolor

8장

어린아이들과 관련된 환생 연구

이언 스티븐슨 박사가 만난 환생자들

미국 버지니아대학 인지과학연구소의 정신과 의사인 이언 스티븐슨 Ian Stevenson 박사에 이어 짐 터커 Jim Tucker 교수는 수십 년간 환생 사례를 모아왔어요. 전생을 말하기 시작하는 나이는 대체로 두 살에서 네 살, 평균 나이로는 35개월이고, 여섯 살 정도에 말하기를 그친다는데요. 전생을 말하는 아이가 있다는 소식을 들으면 연구자들은 전 세계 어디든 달려가서 아이가 얘기하는 이야기의 사실 여부를 확인했어요. 그렇게 진실성이 확인된 사례만 3,000여 건이에요.

제임스 라이닝거의 전생

인지과학연구소의 신뢰도 평점이 100점 만점인 흥미로운 사례가 있어요. 이 사례는 여러 매체를 통해서도 많이 알려졌죠.

제임스 라이닝거는 갓난아이 때부터 누워서 천장을 향해 팔을 휘두르고 발을 차며 격렬하게 울어댔어요. 부모는 밤에 잠을 잘 수가 없었죠. 말하기 시작한 두어 살 때 아이에게 왜 그러느냐고 물었더니 "저는 불타는 비행기에 갇혀 있어요. 아무리 해도 빠져나갈 수가 없어요"라고 했어요. 비행기가 왜 불타고 있느냐고 물었더니, 일본군에게 격추당했다고 했죠.

제임스는 어려서부터 오로지 장난감 비행기만을 갖고 놀았는데, 특히 단발 프로펠러 비행기인 콜세어Corsair 전투기를 좋아했어요. 그러면서 "콜세어는 이착륙할 때 펑크가 잘 났어요"라고 했죠. 한번은 장난감 비행기의 하단에 달린 둥글고 긴 물체를 보고 엄마가 "폭탄이 달려 있네"라고 했더니, 어린 제임스는 또박또박 "그건 폭탄이 아니라 연료탱크예요"라고 대답했죠. 항공기 전문가 수준의 지식을 갖고 있었던 거예요. 그리고 늘 끼고 놀던 세 개의 장난감 병정에 제임스가 붙여준 이름은 흔치 않은, 독특한 이름들이었어요.

이 얘기를 전해 들은 제임스의 외할머니는 어쩌면 그건 전생의 기억일지 모른다고 했고, 독실한 크리스천으로 전생을 믿지 않았던 제임스의 부모는 제2차 세계대전에 관한 기록과 서류를 뒤지기 시작해요. 마침내 어린 아들 제임스 라이닝거가 1945년 3월 3일 콜세어 전투기를 타고 출격했다가 일본군이 쏜 대공포에 격추당해 전사한 제임스 휴스턴의 환생이라는 걸 알아내요. 세 개의 장난감 병정에 붙여 줬던 이름은 제임스 휴스턴의 전우들 이름이었죠.

제임스의 가족들은 제임스 휴스턴의 누나가 살아 있다는 사실을 알게 되어 찾아갔어요. 80세 넘은 노인이 되어 있는 누나에게 꼬마 제임스는 가족이 아니면 알 수 없는 여러 가지 사실들을 얘기했어요. 이 노인은 제임스 라이닝거가 50여 년 전에 전사한 남동생 제임스 휴스턴이 환생한 인물이 틀림없다고 확신하게 되죠.

제임스 라이닝거가 네다섯 살 때였는데, 집 앞마당에서 놀고 있는 제임스한테 아빠가 "사랑한다"고 말했더니, "엄마 아빠가 좋은 부모가 되어줄 것 같아서 제가 선택했어요"라고 대답했어요. 그러면서 "아빠와 엄마 신혼여행 때, 예약해놓았던 호텔에 뭔가 착오가 있어 못 들어가고 벽이 분홍색인 다른 호텔로 옮겼잖아요? 저는 아빠와 엄마 주변을 줄곧 맴돌면서 기다리고 있었어요"라고 했죠. 제임스의 아버지는 기절할 만큼 놀랐어요. 제임스가 한 말이 모두 사실이었으니까요.

제임스가 열 살 때쯤 제임스의 가족은 전생의 인물인 제임스 휴스턴이 격추당했다고 추정되는 태평양의 한 지점으로 배를 타고 가요. 제임스는 준비해간 꽃다발을 바다에 던지며 전생의 자신에게 "잘 가, 제임스 휴스턴!" 하고 말하더니 30여 분간 울어요. 이후로 제임스는 많이 안정되었고, 전생에 대해 얘기하는 일도 차츰 줄었다고 해요.

전생의 자녀들

전생의 기억이 뒤늦게 어른이 되어서 강렬하게 수면 위로 떠오른 사례도 있어요. 영화 「전생의 자녀들 Yesterday's Children」은 그런 실화를 바탕으로 만들어졌어요. 인터넷에는 실제 중년의 주인공과 노인이 된 전생의 자녀들이 함께 찍은 사진도 올라와 있어요.

영국에서 태어난 주인공은 여섯 살 무렵 어떤 거리와 건물을 반복해서 종이에 그리고 자신의 전생 가족에 대해 말하곤 했어요. 가끔은 의미를 모르는 낯선 단어가 떠오르기도 했죠. 성장하며 점차 이런 기억은 사라졌다가, 중년에 접어들자 전생의 다섯 자녀에 대한 기억, 낯익은 거리와 집들, 알코올의존자인 남편에게 폭행당하는 장면이 반복해서 자세하게 떠올랐어요. 그 기억들에 마음을 빼앗긴 바람에 요리하다가 손에 화상을 입기도 했죠.

결국 상담소에 찾아가 최면요법을 받는데, 그 장면들이 수십 년 전 아일랜드에서 살았을 때의 전생 기억이라는 것을 알게 돼요. 그리고 떠올랐던 단어가 아일랜드의 한 마을 이름이라는 것도 지난한 검색 끝에 알아내죠. 그 마을을 찾아간 주인공은 거리를 이리저리 돌아다니던 중 어릴 적 반복해서 그렸던 교회 건물을 발견해요. 그리고 불쑥불쑥 떠올랐던 아이들의 얼굴과 짐작되는 나이, 또 전생 기억 속에서 누군가 자신을 부를 때의 이름을 바탕으로 성당에 찾아가 오래된 교적부를 뒤져요.

마침내, 자신이 1932년 10월 24일 다섯 명의 자녀를 남긴 채 서른 일곱의 나이로 세상을 떠난 메리 서턴이었다는 사실을 확인해요. 이번 생에는 1953년에 태어났으니까, 전생에서 죽은 지 21년 후에 다시 태어난 거죠.

주인공은 전생의 자신인 메리 서턴이 묻힌 묘지를 찾아가는데, 그곳에 계속해서 꽃을 갖다 놓는 사람이 있다는 걸 알게 돼요. 결국 전생에서 가장 믿고 의지했던 맏아들 서니를 만나고, 이어서 나머지 자녀들도 다 만나요. 사별한 지 50여 년이 지나 있어서 전생의 자녀들은 모두 메리 서턴보다 훨씬 나이 많은 노인이 되어 있었죠.

노인이 되어 있는 맏아들 서니가 이런 사실을 처음부터 받아들인 건 아니었어요. 그래서 주인공은 서니가 어렸을 때 겪었던 일과 강물 위 조각배에 마주 앉아 나눴던 대화의 내용을 얘기해줘요. 그제서야 서니는 불쑥 앞에 나타난 중년의 여인이 전생의 엄마 메리 서턴이 맞다는 걸 인정해요.

아이들의 전생 기억

짐 터커 박사는 『어떤 아이들의 전생 기억에 관하여』에서, 진실성을 확인하기 위해 설정한 여섯 가지 기준 중 최소 두 가지를 충족해야 인지과학연구소의 파일에 등록된다고 얘기해요.

그 여섯 가지 기준은 다음과 같아요.

1. 다음 부모의 선택 같은 구체적인 세부 사항이 포함된 재탄생에 대한 예언
2. 태몽
3. 전생과 관련된 뚜렷한 모반이나 선천적 결함
4. 주인공이 아이여야 하고, 적어도 한 사람의 어른이 아이가 전생에 관해 얘기했다는 사실을 확증해야 함
5. 주인공은 이전 생 인물의 개성이나 물건을 익숙하게 알아봄
6. 이전 생 인물의 특이한 행동과 명백히 일치하는 주인공의 특이한 행동

그리고 수많은 사례를 통해 파악한 바로는 단지 기억만이 아닌 감정, 집착, 두려움, 중독, 호불호, 심각한 트라우마, 신체적 부상 등이 한 삶에서 다음 삶으로 이어진다고 해요. 그리고 전생의 가족에 대해 강한 애착을 느끼는 경우엔 일정 기간 동안 분리감으로 많이 괴로워하기도 하고 이번 생의 부모를 거부하기도 한다는 거예요.

그럴 때는 아이들의 이야기를 존중해주고 받아들여주되, 현재의 삶은 과거의 삶과 다르다는 것과 현재의 삶이 가장 중요하고 안전하다는 걸 분명히 말해주라고 해요. 그러면 성장해가면서 이전 생 기억의 강도가 약해지거나 사라지게 된다고요. 반면, 이전 생의 실수들을

참고해서 이번 생의 행동을 향상시키는 경우도 있다고 해요.

  흥미로운 점 하나는, 전생을 이야기하는 아이들이 때로는 깨우침을 주는 지혜의 말, 철학적인 진술을 한다는 거예요. 케니는 아홉 살 때 같이 놀던 친구 그렉이 죽었다는 걸 알고서 엄마에게 "그렉이 죽은 것은 슬픈 일이지만, 나쁜 일도 아니에요. 죽은 것은 그렉의 몸뿐이라는 것을 그렉의 엄마가 알았으면 해요"라고 말했죠.

  또 브라질의 소녀 마르타 로렌츠는 여동생 에밀리아의 죽음을 겪었는데, 비바람이 몰아치는 날 다른 여동생이 에밀리아가 무덤에서 비를 맞아 몸이 다 젖겠다고 걱정하자 "에밀리아는 묘지에 있지 않아. 우리가 있는 이곳보다 더 안전하고 더 나은 곳에 있어. 에밀리아의 영혼은 절대 젖지 않아"라고 대답했어요. 또 한번은 친구가 죽은 사람은 절대 돌아오지 않는다며 아빠의 죽음을 슬퍼하자 "그렇게 말하지 마. 나를 봐. 나는 죽었지만 다시 살고 있어"라고 했어요.

바비 하지스의 전생

미국 노스캐롤라이나의 바비 하지스는 말할 줄 알게 되면서부터 사촌 형이 자신의 큰형이고, 큰아빠 집이 자기 집이라고 계속 우겼어요. 네 살 반이 되었을 때 바비는 엄마에게 두 살 어린 동생 도널드와 동시에 엄마 뱃속에 있었던 때를 기억하느냐고 물었어요. 엄마는 둘이

동시에 있었던 건 아니라고 대답했고, 바비는 엄마의 뱃속이 아니라 큰엄마의 뱃속에 동시에 있었다고 고쳐 말하더니, 큰엄마가 왜 자신들을 낳지 않았는지 물었어요.

바비는 아주 흥분해서 도널드에게 소리 질렀어요. "도널드, 다 네 잘못이야. 말했잖아. 나는 정말 절실히 태어나고 싶다고. 그런데 네가 원하지 않았잖아. 어떻게 나를 데리고 나올 수 있는 거야?"

엄마는 바비를 진정시키고 도널드를 쫓아가는 걸 막아야 했죠. 엄마는 도널드가 이해하지 못하니까 소리 지르지 말라고 바비를 타일렀어요. 하지만 바비는 도널드가 알고 있다며, 왜 자신을 큰엄마의 뱃속에서 데리고 나왔는지 다시 물었죠.

도널드는 이윽고 입에서 고무젖꼭지를 빼내면서 "아냐! 내가 바란 건 아빠야!"라고 소리치고는 고무젖꼭지를 다시 입에 물었어요. 바비는 "난 아빨 원한 게 아니었어. 내가 원한 건 큰아빠야!"라고 다시 소리를 질렀어요.

바비는 다소 진정이 되자 엄마에게, 큰엄마 뱃속에서 자신들이 유산된 뒤에 다시 큰엄마 뱃속으로 돌아가려고 했는데, 사촌 리베카가 이미 거기에 있었다고 말했어요. "나는 거기에 있고 싶었는데 리베카가 허락하지 않았어요. 나는 리베카를 차서 쫓아내려고 했는데 그렇게 되지 않았어요"라고 했죠.

사정은 이랬어요. 바비의 큰엄마는 바비가 태어나기 7년 전에 쌍둥이 아들을 임신했었는데, 33주 무렵 태아의 움직임이 느껴지지 않아서 병원에 갔더니 둘 다 숨져 있었어요. 쌍둥이 중 하나가 혈관이 제대로 형성되지 않은 탯줄 위로 굴러 넘어갔고, 곧 피의 흐름이 막혀서 숨지고 말았던 거예요. 혈액순환을 공유하고 있는 다른 쌍둥이 하나도 곧바로 죽은 것으로 의사들은 추정했어요.

그 유산이 큰엄마와 큰아빠에게는 혼란스러운 일이었기 때문에 가족들과 친지들은 그에 대해 일절 말하지 않았고, 큰엄마는 이후 막내 리베카까지 딸 셋을 낳았어요. 바비가 태어난 건 리베카가 태어나고 1년 반 후였죠.

바비는 태어나기 전에 얼굴을 위로 향한 후방후두위 자세로 있었어요. 간호사들의 노력에도 아이를 돌려놓을 수 없었고, 결국 아이는 제왕절개술로 태어났어요. 바비는 네 번째 생일에 자신의 출생 과정을 얘기했어요.

"밖으로 나오려고 애쓰면서 자궁 안에서 발을 걷어차고 있었어요. 그런데 사람들이 내 머리를 밀어 넣었어요. 엄마, 그게 나를 정말 화나게 했어요. 나는 나오고 싶었으니까요. 그런데 꽉 끼어서 그럴 수가 없었어요."

바비의 말에 충격을 받은 엄마가 "간호사들이 네 머리를 밀어서 돌리려고 그랬던 거야. 너는 돌기만 하면 됐었어. 그러면 나올 수 있었을 거야"라고 했더니, 바비는 "아, 몰랐어요. 내가 돌았어야 했구나. 나는 그 사람들이 나를 다시 집어넣으려고 하는 줄 알았어요. 어쨌든, 그러고는 빛을 봤어요. 그때 의사선생님이 나를 엄마 뱃속에서 빼냈죠. 사람들이 내 몸을 덮고 있는 점액을 모두 씻어냈고, 나를 침대에 눕혔어요. 그래서 나는 잠을 잘 수 있었어요"라고 했죠.

또 한번은 독감에서 나은 뒤 이전 생의 죽음과 새로운 생의 탄생 사이의 막간에 대해서도 말해요. "엄마, 내가 태어나기를 기다리고 있던 다른 세상에서는 사람들이 아프지 않았어요. 사람들은 마냥 행복하고 절대 아프지 않아요. 아무도 이 세상에서 아프지 않으면 좋겠어요"라고요.

그나나틸라카 밧데위타나의 전생

그나나틸라카 밧데위타나는 1956년에 스리랑카에서 태어난 여자아이인데, 두 살 때부터, 자신은 16마일 떨어진 탈라와켈레 마을에 살았었다며 거기 사는 가족을 만나고 싶다고 말하기 시작했어요. 아이가 네 살 반이 되었을 때, 환생에 대한 몇 편의 기사를 썼던 기자이자 국제관계론을 공부한 니산카 박사는 한 이웃으로부터 편지를 받고 그 아이를 취재해요.

아이는 탈라와켈레라는 지역 이름과 로라라는 자매를 제외하고는 어떤 이름도 말하지 않았는데, 기차 여행 중에 엘리자베스 여왕을 봤던 일을 포함해 탈라와켈레에서 겪었던 수많은 사건을 기억해냈죠. 니산카 박사는 이 사례에 대해 대중적인 주간 신문에 두 편의 기사를 썼는데, 한 남자가 나타나 1954년 11월에 죽은 10대 소년과 그 가족의 삶이 기사와 들어맞는다고 말했어요. 그 나나틸라카는 죽은 그 소년과 관계가 있던 사람들을 대면하게 돼요.

아이는 한 남성을 보자 탈라와켈레에서 자신을 가르친 선생님이고 한 번도 벌을 주지 않았다며 그의 무릎 위에 올라가 앉았고, 한 여성을 보고 "나의 탈라와켈레 엄마야"라고 말했죠. 그다음 방으로 들어온 남성을 향해서는 "나의 탈라와켈레 아빠야"라고 했고, 그 뒤에 들어온 한 여성을 보고는 "탈라와켈레에서 온 나의 누나야"라고 말했어요.

그 나나틸라카는 이어서 세 명의 여성을 "예쁜 여동생", "우리 아랫집에 사는 누나", "우리가 옷을 꿰매러 다닌 집 누나"라고 정확하게 알아봤는데, 전생의 형을 보고는 화를 내며 "몰라! 몰라!"라고 대답하다가 결국엔 "내 형이야"라고 소리쳤어요. 니산카 박사가 아이에게 형이 안을 수 있게 해달라고 했지만 아이는 울기 시작하며 그러지 않겠다고 말했죠. 전생에서 형과 끊임없이 다투었었는데, 그 감정이 이번 생으로도 이어진 거죠. 그리고 아이는 전생에서 몰랐던 사람은 모른다고 정확하게 진술했어요.

그 나나틸라카의 사례는 환생을 거치며 성별이 바뀐 경우인데, 성별 특징이 강하게 이어지지는 않아서 그 나나틸라카는 어렸을 때 다른 딸들에 비해 약간 남자아이 같은 정도였다고 해요. 그런데 탈라와켈레에서 소년이었을 때는 오히려 여성적인 경향이 있어서 소녀들과 같이 있는 걸 선호했고, 때로는 손톱에 매니큐어를 바르기도 하고 바느질을 즐기고 실크 와이셔츠를 좋아했다고 했어요.

나지 알 다나프의 전생

레바논의 나지 알 다나프는 아주 어린 나이에 전생의 삶을 구체적으로 얘기하기 시작했어요. 예쁜 아내와 어린아이들이 있었고, 나무로 둘러싸인 2층집에 살았으며, 가까운 곳에 동굴이 있었고, 농인 친구가 있었고, 한 무리의 남자들에게 총을 맞아 자신이 죽었다고 했죠.

나지는 10마일 떨어진 작은 마을에 있는 전생의 집에 데려다 달라고 계속 졸랐어요. 부모는 아이가 여섯 살일 때 아이의 다른 형제들도 함께 데리고 그 마을을 찾아가요. 마을 중심부에 다다르자 여섯 갈래로 길이 갈라져서 아빠는 어느 길로 가야 하는지 아이에게 물었고, 나지는 그중 길 하나를 가리켰죠. 그 길로 가자 또 갈림길이 나왔고, 가족은 차에서 내려 나지가 묘사한 대로 죽은 사람이 있는지 수소문했어요. 오래 걸리지 않아 나지가 전생에 살았다고 묘사한 것과 일치하는 집을 발견했는데, 푸아드라는 고인의 집이었고 푸아드의 아내가 살고 있었죠.

그 여자가 나지에게 "누가 집 입구에 있는 문의 기초를 놓았죠?"라고 묻자, 나지는 "파라즈 가문에서 온 사람이었지"라고 정확하게 대답했고, 집 안에 들어선 나지는 푸아드가 벽장에 무기를 두는 방식에 대해 정확히 설명했어요. 또 그들의 어린 딸이 왜 그렇게 심하게 아팠었는지 기억하느냐고 묻자, 아빠의 약들을 잘못 먹어 그랬던 거라고 정확히 대답했죠. 그 외에도 이전 생의 여러 사건을 정확히 묘사했고, 푸아드의 아내와 다섯 자녀는 무척 감동하며 나지는 푸아드가 재탄생한 거라고 확신했어요.

얼마 후 나지는 푸아드의 동생을 방문했는데, 그를 보자 달려가며 동생의 이름을 불렀어요. 그러면서 "너한테 체키16 한 자루를 줬지"라고 말했어요. 체키16은 레바논에는 흔하지 않은 체코슬로바키아산 권총의 한 종류인데, 푸아드는 동생에게 그 총 한 자루를 정말 준 적이 있었죠.

동생이 나지에게 원래 집이 어디에 있었는지 묻자, 나지는 동생을 안내하며 "여기는 우리 아빠 집이고 바로 옆집은 나의 첫 번째 집이야"라고 말했어요. 또 동생이 나지에게 남자들의 사진을 보여주자, 형제들과 아빠를 가리키며 이름들을 정확히 말했어요. 그리고 농인 친구가 있었다는 것과 길 끝에 동굴이 있었다는 것도 모두 사실로 확인되었죠.

윌리엄의 전생

전직 경찰관이었다가 퇴직 후 사설 보안 요원으로 일하고 있던 존 매코널은 1992년 어느 날 밤, 일을 마치고 집으로 향하고 있었어요. 전자제품 상점을 지날 때 두 남자가 상점을 털고 있는 것을 보고 권총을 뽑아 들었는데, 강도 한 명이 그를 향해 총을 쏘기 시작했고, 그는 여섯 발의 총상을 입었어요. 총탄 하나가 등을 뚫고 들어가 왼쪽 폐와 심장, 폐동맥을 관통했고, 그는 병원으로 급히 옮겨졌지만 끝내 사망하고 말았죠.

존은 생전에 가족들과 친밀하게 지냈는데 특히 딸 도린에게는 "무슨 일이 있어도 늘 곁에서 너를 돌봐줄 거야"라는 말을 자주 했어요. 존이 죽고서 5년 후 도린은 아들을 낳았고 윌리엄이라고 이름을 지었어요. 그런데 윌리엄은 태어난 지 얼마 안 되었을 때부터 의식을 잃고 쓰러지기를 반복했어요. 의사들은 폐동맥 판막 폐쇄증이라는 진단을 내렸는데, 이런 판막 이상으로 심장의 우심실도 기형이 되어 여러 번의 수술을 받아야 했어요. 윌리엄은 할아버지 존을 사망하게 한 치명적인 상처와 아주 유사한 선천적 장애를 갖고 태어난 거죠.

게다가 말할 수 있는 나이가 되자 할아버지 존의 삶에 대해 말하기 시작했어요. 윌리엄이 세 살이던 어느 날, 계속 까불며 신경을 건드리는 윌리엄에게 도린이 "가만 앉아 있어. 안 그러면 엄마가 때려줄 거야"라며 화를 내자, 윌리엄은 "엄마, 엄마가 어렸고 내가 엄마의 아빠

였을 때, 엄마도 못된 짓을 많이 했지만 나는 한 번도 안 때렸어요!"라고 했죠.

한번은 "엄마가 어린아이였고 내가 아빠였을 때, 그 고양이 이름이 뭐였죠?"라고 물었어요. "매니악 말이니?"라고 도린이 대꾸하자, "아뇨, 그 녀석 말고 하얀 애 말이에요"라고 했어요. "보스턴 말이니?" 도린이 다시 묻자, "네, 맞아요. 난 그냥 보스라고 불렀죠. 그쵸?"라고 했어요. 사실이었어요. 하얀 고양이를 보스라고 부른 사람은 존뿐이었죠.

하루는 도린이 윌리엄에게 태어나기 전에 겪은 일이 기억나느냐고 물었더니, 목요일에 자기가 죽었고 천국으로 올라가 동물들을 봤고 신과 대화도 나눴다고 말했어요. "나는 신에게 다시 돌아갈 준비가 됐다고 말했어요. 그러곤 화요일에 태어났어요." 요일 이름도 잘 모르는 윌리엄이 정확하게 요일을 구분해서 말하자 도린은 깜짝 놀랐어요. 그리고 시험 삼아 바꿔 물었죠. "네가 목요일에 태어나고 화요일에 죽었단 말이지?" 그러자 윌리엄은 재빨리 "아뇨, 목요일 밤에 죽었고 화요일 아침에 태어났어요"라고 대답했죠. 사실이었어요. 존은 어느 목요일에 죽었고, 5년 후 어느 화요일에 윌리엄이 태어난 거예요.

윌리엄은 삶과 삶 사이의 기간에 대해서도 얘기했는데, "죽으면 바로 천국에 가는 게 아니에요. 여러 다른 차원으로 가요. 여기, 그리고 여기, 그다음엔 여기"라며 손을 점점 높이 올리며 얘기했어요. 동물들도 사람처럼 다시 태어나며, 천국에서 본 동물들은 물거나 할퀴지 않는다고도 말했어요.

존은 천주교 신자였으나 환생을 믿었고, 다음 생에는 동물들을 돌보겠다고 했었죠. 윌리엄 역시 앞으로 수의사가 되어 동물원에서 몸집 큰 동물들을 돌보겠다고 했어요. 그리고 윌리엄은 할아버지 존처럼 뭔가를 조립하는 데 선수이고, 쉴 새 없이 말하는 이야기꾼이죠.

그중에서도 특히 도린이 아빠를 떠올리게 되는 순간은, 윌리엄이 "엄마, 걱정 말아요. 내가 늘 돌봐줄 거니까요"라고 말할 때예요.

전생 연구로 알게 된 환생의 원리들

이언 스티븐슨 박사와 짐 터커 박사는 3,000여 건의 환생 사례를 연구하며 얻은 결론을 조심스럽게 얘기해요. "우주의 근본적인 구성 요소라고 여겨지는 의식은 우리 뇌와는 분리된 실체이며, 우리 뇌는 평생을 의식의 탈것으로서 봉사한다." 출생 전에도 존재하고 죽음 뒤에도 이어지는 의식은 계속 환생하며 새로운 몸의 새로운 뇌에 머문다는 거예요.

스티븐슨 박사가 그리스어에서 가져온 '사이코포어Psychophore'라는 용어는, '영혼', '아스트랄체', '이어지는 의식', '죽은 뒤에 기억을 나르는 탈것' 등을 말하는데요.

짐 터커 박사의 연구에 따르면, '사이코포어'의 존재는 근사체험 사례에서나 초심리학 연구에서도 확인돼요. 전생을 얘기하는 아이들의 사례에서도 '의식'이라고 부르는 어떤 실체가 한 삶에서 다음 삶으로 이어진다는 거죠. 그 의식에는 트라우마도 포함되어서 하나의 삶이 끝났을 때 그 삶에서 겪었던 정신적인 어려움도 다음 생으로 이월된다고 해요.

'누구나 환생하는가?'라는 질문에 짐 터커 박사는 '그렇다'고 대답해요. 보통은 전생의 기억 없이 환생하는데, 전생을 기억하고 얘기하는 아이들 대부분은 전생에서의 죽음이 자연사가 아닌 사고사이거나 갑작스러운 돌발사였다는 걸 연구 결과로 알게 되었다고 해요.

그럼 '어디서 환생하는가?'가 궁금해지죠. 많은 아이가 다음 부모나 재탄생할 장소를 선택했다고 했고, 그들이 살고 있는 같은 나라, 심지어 같은 마을, 같은 가족으로서의 전생을 보고하기도 했어요.

그렇게 되는 이유를 추측해보자면, 지리적 제약이 영향을 미치는 것 같고 또 감정으로 엮인 특정한 지역이나 장소에 의식적으로 더 끌려서인 것 같다고 해요. 사람들 대부분은 자신을 특정한 나라 사람으로 강하게 동일시하기 때문에 자연스럽게 같은 나라에 다시 태어날 가능성이 크다는 거죠.

또 짐 터커 박사는 더 강력한 요인으로 사람들과의 연결 고리를 꼽아요. 강한 감정적 연결이 계속되기 때문에 그 가족으로 다시 태어날지 모른다는 거예요. 특히 이전 생 인물이 어렸을 때 죽었던 사례에서는 주인공의 의식이 가족에게 여전히 밀접하게 묶여 있어서 같은 가족으로 다시 태어날 수 있다는 거죠.

전생을 기억하는 수많은 아이를 연구하면서 다다르게 된 통찰을 짐 터커 박사는 이렇게 이야기해요.

"우리는 단지 육체를 가진 존재 그 이상의 영적 존재이며, 육체의 죽음 뒤에도 살아서 지속되는 의식이 있다. 우리 모두 육체만큼이나 관심과 보살핌이 필요한 영성을 갖고 있다는 것을 완전히 받아들인다면 서로를 대하는 방식이 바뀔 것이다. 육체에만 집중하던 삶의 방식에서 덜 물질적인 삶의 태도로 변화되어 영적인 삶을 사는 길을 탐험하게 될 것이다.

저마다 삶에서 어려운 감정의 문제에 부딪히지만, 한 생애가 아니라 여러 생을 살면서 지혜를 쌓고 진보해나가면 그 문제를 점점 더 잘 다뤄 결국 해결할 수 있게 된다. 환생을 이해하고 인정하면 삶에 대한 애정이 깊어지고, 마음이 평화로워진다.

삶마다 한 가지 삶의 목적만을 추구하면 되는 것이고, 그런 삶의 기회가 여러 번 주어진다면, 그래서 자신의 여러 측면을 잘 해낼 때까지 하나씩 차례로 작업해나갈 수 있다는 건 얼마나 매력적인가!"

배운 적 없는 낯선 언어를 말하는 아이들

미국의 정신과 의사인 브라이언 와이스Brian Weiss 박사의 책 『파워 오브 러브』에 소개된 사례예요. 뉴욕의 한 내과 의사에게 네 살배기 쌍둥이 아들이 있었어요. 어느 날 둘이서 무언가 얘기를 주고받는데, 전혀 알아들을 수 없는 말이었어요. 그렇다고 아무렇게나 지어낸 것이 아닌 아주 세련되고 정교한 언어 같았죠.

그래서 컬럼비아대학에서 고대 언어를 전공하는 교수에게 쌍둥이 아들을 데리고 가 서로 얘기를 하게 했죠. 어린아이들이 주고받는 말을 들은 교수는, 두 아이가 쓰는 언어가 예수 시대에 팔레스타인 지역에서 사용되었고 지금은 중동 시리아 일부 오지에서만 사용되고 있는 '아람어'라고 했어요.

이 쌍둥이의 경우처럼, 한 번도 배운 적 없는 외국어를 유창하게 말하는 현상을 '제노글로시Xenoglossy'라고 하는데, 이 역시 우리들의 의식이 끊임없이 환생하는 현상에 대해 생각해보게 해요.

마무리하는 글

우리는 묻고 또 물어요.

어디서 와서 어디로 가는지를.

왜 여기에 있는지를.

나는 어떻게 설명될 수 있는지를.

고통이 있는 이 삶은 무슨 의미인지를.

그리고

내 안에도 빛이 있는지를.

그 빛을 어떻게 만날 수 있는지를.

그 질문에 대한 답을 찾아가는 긴 여정에서,

이 책이 작은 촛불이 되었기를 바랍니다.

우리의 자녀로 찾아와 깊은 사랑을 가르쳐준
여은과 담빈, 옆지기 우성과 상진,
또 기쁨 또는 아픔의 얼굴로 우리에게 다가와
자아의 껍데기를 깨고 성장하도록 도와준
이생의 모든 인연에,

그리고 이 책의 집필을 오래도록
기다려주신 비아북 한상준 대표님과
유난히 더웠던 여름 내내 꼼꼼하게
원고를 살펴봐주신 손지원 에디터님을 비롯해
책이 만들어지는 과정 곳곳에
정성을 기울여주신 비아북 출판사의 모든 분께
마음 다해 감사드리며,

                              2025년 9월, 제주 명재텅헌에서
                                     정현채와 이현숙, 드립니다.

「waves of mountains」_acrylic

부록

의식 세계를
더 깊이 알고 싶은
분들을 위한 안내

부록 1

'의식의 비국지성 선언' 전문

비국지적 의식을 포함하는 통합적 근거 기반 임종 돌봄에 관한 선언

Declaration for Integrative, Evidence-Based, End-of-Life Care that Incorporates Nonlocal Consciousness

서문

INTRODUCTION

2014년 2월, 다양한 과학 분야—생물학, 신경과학, 심리학, 의학, 정신과학—의 세계적 권위자들이 탈물질주의 과학 학술회의에 참가했습니다. 애리조나대학교의 게리 E. 슈워츠 박사와 마리오 보러가드 박사, 컬럼비아대학교의 리사 밀러 박사가 공동 주최한 이 학술회의는 애리조나주 투손에 있는 캐니언 랜치 리조트에서 열렸습니다. 이 대회의 목적은 과학계에서 지배적인 기계적-물질주의 이데올로기의 영향과 과학과 영성, 사회 분야의 탈물질주의

등장에 대해 논의하는 것이었습니다.

In February 2014, a group of internationally known scientists from a variety of scientific fields (biology, neuroscience, psychology, medicine, and psychiatry) participated in a summit on post-materialist science. Co-organized by Gary E. Schwartz, PhD, and Mario Beauregard, PhD, of the University of Arizona, and Lisa Miller, PhD, of Columbia University, the summit was held at Canyon Ranch in Tucson, Arizona. The purpose was to discuss the impact of the prevailing mechanistic-materialist ideology within science and the emergence of a post-materialist paradigm for science, spirituality, and society.

그 결과로 '탈물질주의 과학 선언문'이 『Explore』([2014; 10 (5): 272-274]) 및 'Open Sciences' 웹사이트(http://opensciences.org/about/manifesto-for-a-post-materialist-science)에 게재되었습니다. 이 웹사이트 또한 이 회의의 결과물입니다.

2015년 9월에 두 번째 회의가 투손에서 개최되었는데, 이 회의는 '마지막 전환기 회의'라고 불립니다. 의식 연구자 스티븐 A. 슈워츠가 주최한 이 회의의 목적은 '우리가 죽을 때 무슨 일이 일어나며, 어떻게 하는 것이 죽어가는 사람을 인도적이고 품위 있게 돌보는 것인가?' 하는 문제를 탐구하는 것이었습니다.

The resulting Manifesto for a Post-Materialist Science was published in Explore [2014; 10 (5): 272-274] and on the Open Sciences website, which also resulted from the summit(http://opensciences.org/about/

manifesto-for-a-post-materialist-science).

In September 2015, a second meeting was held in Tucson, called The Final Transition Conference. Organized by consciousness researcher Stephan A. Schwartz, the purpose of the meeting was to explore the questions: What happens when we die, and what constitutes humane, decent care of the dying?

이 회의의 운영진은 미국, 유럽, 아시아의 치료사, 임상의, 학자, 연구원으로 구성되었으며, 모두 인간 죽음의 과정에 어떤 식으로든 관여하고 있습니다. 참석자 중 많은 이가 의식에 대한 100퍼센트 물질주의적 모델, 즉 '의식은 오직 뇌로 인해 생기며, 육체적 죽음으로 소멸된다'는 관점으로는 연구와 치료 중 목격하는 임종 환자들의 풍부하고 다채로운 경험을 설명할 수 없다고 느꼈습니다. 미묘한 견해의 차이가 있기는 했으나 그들은 의식에 비국지적(非局地的) 측면이 존재한다는 점에 동의했으며, 그 결과 '비국지적 의식을 포함하는 통합적 근거 기반 임종 돌봄에 관한 선언'이 나왔습니다.

The conference faculty was composed of therapists, clinicians, scholars, and researchers from the United States, Europe, and Asia all of whom are involved in some way in the processes of human death. Many of those who attended felt that an exclusively materialist model of consciousness—the view that consciousness is produced entirely by the brain and that physical death annihilates it—cannot account for the rich and variegated experiences they see in the dying who are the focus of their research and healing service. Their views were nuanced but on the existence of a nonlocal aspect of consciousness they agreed, and there emerged from the faculty of the Final Transition Conference the Declaration for Integrative, Evidence-Based, End-of-Life Care that Incorporates Nonlocal Consciousness.

스티븐 A. 슈워츠와 게리 E. 슈워츠(두 슈워츠는 친척이 아님)가 초안을 작성했고, 래리 도시가 초안 작성에 합류했습니다. 그런 다음 그 원고는 운영진에게 제출되었습니다. 이 선언문은 '마지막 전환기 회의' 운영진과 참석자들이 합의한 견해를 나타냅니다. 이 선언은 '인간 의식의 기원, 운명 및 본성, 그리고 이런 생각이 생의 마지막에 있는 사람들을 돌보는 일에 어떤 영향을 주는가'라는, 누구나 직면하는 가장 큰 문제에 대한 성명인 '탈물질주의 과학을 위한 2014년 성명'을 적용하고 확장한 것입니다.

It was first drafted by Stephan A. Schwartz and Gary E. Schwartz (no familial relationship), who invited Larry Dossey to become the third drafter. They then submitted it to the faculty. This Declaration represents a consensus view of the undersigned faculty of The Final Transition Conference and others. This Declaration is an application and extension of the 2014 Manifesto for a Post-Material Science to the greatest issues anyone faces: the origin, destiny, and nature of human consciousness, and how these considerations affect the care of humans at the end of life.

선언

DECLARATION

(1) 21세기 의학과 보건 의료는 근거에 기반하고 있다고 자부하고 있습니다. 전통적 치료법이든, 보완적 치료법이든, 통합적 치료법이든 모든 치료법을 사용할 때 지침이 되는 분명한 철학은 그 치료법이 '이용 가능한 최선의 과학적 이론과 성과 연구'에 바탕을 두고 있다는 것입니다. 바로 이 철학이 표면적으로는 임종 돌봄의 지침이 됩니다.

(1) The 21-century medicine and healthcare pride themselves on being evidence based. Whether the therapies are conventional, complementary, or integrative, in all instances the explicit philosophy guiding their use is their grounding in the best available scientific theories and outcome research. This same philosophy ostensibly guides end-of-life care.

(2) 지금까지 의식의 본성은 전적으로 인간 유기체에 내재해 있는 신경생리학적인 과정이라는 전제 아래에서만 주로 탐구되었습니다. 물론 신경생리학적인 과정이 확실하게 밝혀진 것은 아닙니다. 의식이 육체에 내재한다는 것은 아무도 건드릴 수 없는 공리(公理)가 되었습니다. 그러나 실험 및 임상 연구의 양적 팽창은 이제 이러한 가정에 의문을 제기합니다. 이 회의의 운영진은 미국, 유럽, 아시아의 치료사, 임상의, 학자, 연구원으로 구성되었으며, 이들은 모두 인간 죽음의 과정에 어떤 식으로든 관여하고 있습니다.

운영진 중 많은 이가 의식에 대한 100퍼센트 물질주의적 모델, 즉 '의식은 오직 뇌로 인해 생기며, 육체적 죽음으로 소멸된다'는 관점으로는 연구와 치료 중 목격하는 임종 환자들의 풍부하고 다채로운 경험을 설명할 수 없다고 느꼈습니다. 이 선언의 저자와 공동 서명자들은 총체적인 근거가 이러한 결론을 가리킨다는 것에 합의하였으나, 다른 의식 과학자들은 지금까지의 근거가 이런 결론을 단정적으로 내릴 만큼 결정적이지는 않다고 생각합니다.

(2) And yet, the nature of consciousness has been largely explored only from the assumption that it is a poorly understood neurophysiological process entirely resident in the human organism. Its inherent physicality has become an ironbound axiom. However, a growing body of experimental and clinical research now challenges this assumption. The conference faculty was composed of therapists, clinicians, scholars, and researchers from the United States, Europe, and Asia all of whom are involved in some way in the processes of human death.

Many of those who attended felt that an exclusively materialist model of consciousness—the view that consciousness is produced entirely by the brain and that physical death annihilates it—cannot account for the rich and variegated experiences they see in the dying who are the focus of their research and healing service. Although the consensus of the authors and co-signers of this Declaration is that the collective evidence points toward this conclusion, other consciousness scientists believe that the current evidence is not definitive enough to conclude this with certainty.

(3) 오늘날 전 세계의 실험실에서는 7개의 안정화된 실험 프로토콜이 사용되는데, 각각의 프로토콜이 성공하려면 비국지적 의식의 존재가 요구됩니다. 7개 프로토콜은 모두 독립적으로 식스 시그마 결과를 산출했는데, 이는 실험 결과가 우연일 확률이 대략 10억분의 1 또는 99.999999퍼센트 이상임을 의미합니다.

(3) Today, there are seven stabilized experimental protocols used in laboratories around the world, each of which requires the existence of nonlocal consciousness to be successful. All seven protocols have independently produced six-sigma results, meaning that the odds against a chance explanation of the experimental finding are roughly a billion to one, or above a 99.999999 percentile of certainty.

(4) 덧붙이자면 죽음의 과정과 직접적으로 연관된 다섯 분야의 의식 과학이 있는데, 이 또한 비국지적·비생리학적 의식의 존재를 뒷받침합니다. 이 연구에는 (1) 근사체험(NDEs), (2) 사후통신(ADC), (3) 삶의 종말체험(deathbed vision)과 사망 시 물리적 현상, (4) 영매(research mediums)와 함께 한 실험실 연구, 그리고 특히 (5) 어린아이들과 관련된 환생 연구가 포함됩니다.

(4) In addition, there are now five areas of consciousness science that are directly linked to the processes of death that also support the existence of a nonlocal, non-physiologically dependent consciousness. This research includes (1) near-death experiences (NDEs); (2) after-

death communications (ADC); (3) deathbed vision and physical phenomena at the time of death; (4) laboratory studies with research mediums; and (5) reincarnation research, particularly involving young children.

(5) 우리는 '생리학적 기반이 없는 의식이 존재할 수 있는가?'라는 질문에 긍정적인 해답을 얻었으며, 더 나아가 이러한 발견을 임상과 공공 정책에 구체적으로 반영하고 근거 기반 임종 돌봄에 통합할 때라고 믿습니다.

(5) We believe that the question, Can consciousness exist that is not physiologically based? has been answered in the affirmative, and that it is time to move on—time to incorporate these findings into clinical applications and public policy, and integrate them into evidence-based, end-of-life care.

(6) 우리는 임종 돌봄에 관련된 모든 사람—환자, 의료진, 사랑하는 이들, 관리자, 보험회사, 정책 입안자—이 이 발견과 관련하여 비종파적 근거 기반 방식으로 교육받아야 하며, 이 발견이 육체적 삶의 끝에 있는 이들을 돌보는 일에 통합될 수 있다는 것을 믿습니다.

(6) We believe that everyone involved in end-of-life care—patients, providers, loved ones, administrators, insurers, policy makers—should be educated in a non-sectarian, evidence-based manner concerning these findings, and how they can be integrated in the care of individuals at the end of physical life.

(7) 선언문 (4)항에 제시된 근거에 기반하여 환자와 그들이 사랑하는 이들이 사후의 여행을 준비하게 하는 프로그램들이 개발되어야 합니다. 이것은 환자와 사랑하는 이들 양측 모두의 죽음에 대한 공포를 줄이는 데 두드러진 효과를 낳을 수 있습니다.

(7) Programs should be developed that prepare patients and their loved ones for the journey following death, based on the evidence provided in Declaration (4). This can have major effects in reducing the fear of death in both patients and their loved ones.

(8) 이 연구에 비춰 볼 때, 의료 전문가가 판단하기에 회복 가능성이 희박한 중환자의 생명을 연장시키는 현재의 관행은 재고될 필요가 있습니다. 이 결정에는 또한 환자의 리빙 윌(Living Will: 생전 유언, 존엄한 죽음을 위한 선언서), 임종기의 질, 그리고 환자가 더는 의식이나 반응이 없을 때 사랑하는 이들이 바라고 원하는 것들이 중요한 요소로 포함됩니다.

(8) The current practice of keeping severely ill patients alive, against all odds of meaningful recovery as judged by medical experts, needs to be rethought in light of this research. Important factors in this decision also include a patient's Living Will, the quality of his or her final days, and the desires and wishes of loved ones when a patient is no longer conscious or responsive.

(9) 새로운 의식 연구는 개인에게 불멸의 비국지적 의식이 있다는 것을 시사하며, 이는 수천 년 동안 여러 철학적, 종교적 전통에서 확인된 관점입니다.

만약 의식이 우리가 아직 알지 못하는 차원의 주기로 육체적 출생 이전에 존재하고 또 신체적 죽음 이후에도 계속되는 것이라면, 환자가 육체적 삶을 끝낼 시점을 선택할 수 있을 때 자유와 존중, 정의가 구현됩니다. 우리는 과학과 인문학의 통합을 대변하는 임종 완화 돌봄을 해당 개인이 속속들이 이용할 수 있을 때 이 과정이 가장 잘 진행된다고 믿습니다.

(9) The new consciousness research points to the existence of an individual's immortal, nonlocal consciousness, a perspective affirmed by many philosophical and religious traditions for millennial. If consciousness pre-exists physical birth, and continues after corporeal death in a cycle whose dimensions we do not yet know, then liberty, respect, and justice require that an individual have autonomy over when to terminate their corporeal existence. We believe this process is best served when every aspect of end-of-life palliative care representing the integration of sciences and humanities is available to that individual.

(10) 우리는 위에서 언급한 모든 문제가 가족 구성원과 의료진, 보험회사, 그리고 사회에 커다란 경제적 함의를 지니고 있다는 점을 강조합니다.

(10) We emphasize that all of the above considerations have substantial economic implications for family members, healthcare providers, insurance companies, and societies.

(11) 우리는 의식을 포함하는 새로운 패러다임 과학의 등장이라는 더 넓은 맥락 안에 비국지적 의식이 있는 것으로 보고 있습니다. 그렇지만 우리는 비

생리학적 기반의 의식을 인정하는 일이 주류 과학과 종교 양측에 깊이 자리 잡은 믿음에 도전하면서 감정적 반응을 불러일으킬 가능성이 있다는 것을 알고 있습니다. 의식 포함 모델을 뒷받침하는 연구 결과를 임종 돌봄, 더 정확히는 육체적 삶의 종말 돌봄과 통합함으로써 얻게 되는 풍부한 함의와 기회를 다루려면 용기와 연민, 진실성을 지닌 투신이 필요할 것입니다. 이제 이 통합을 증진해야 할 때입니다.

(11) We see nonlocal consciousness as existing within the broader context of the emergence of a new paradigm science, one which incorporates consciousness. We recognize, however, that acknowledging nonphysiologically based consciousness has the potential to evoke emotional responses that challenge deeply held beliefs in both mainstream science and religions. It will take a commitment of courage, compassion, and integrity to address the wealth of implications and opportunities afforded by integrating the research findings supporting a consciousness inclusive model with end-of-life care— more accurately, end-of-physical-life care. Now is the time to advance this integration.

출처: 『Explore』, 2016년, 12권 3호, 162-164쪽

번역: 남정률

부록 2

의식 탐구의 다양한 방법들

의식의 비국지성 선언의 근거가 되어준 다섯 가지 영역에는 포함되지 않았지만, 의식 세계를 알게 해주는 다양한 탐구 방법들이 있어서 소개합니다.

숙련된 최면요법가의 안내를 따라 자신의 전생에 접속하는 작업이나 트랜스 상태에 든 사람이 다른 사람의 전생에 접속하는 작업, 자발적인 체외이탈을 통해 수시로 사후세계에 다녀온 신비가들이 전해준 이야기들, 채널러가 영적 존재로부터 의식 세계에 대한 지식을 전달받는 채널링이 있죠. 또 우리 의식의 지평을 확장하도록 이끌어주는 영성가들도 지구촌 곳곳에 보석처럼 숨어 있어요.

그런데 어째서 이 영역들은 '근거 기반의 의식 과학'에 포함되지 않았을까요?

최면요법으로 전생의 기억과 접속하게 되면 삶의 상황들을 다른 관점으로 바라보고 수용하게 되어 현재의 어려움을 헤쳐나갈 수 있게 돼요. 그런데 최면감수성은 사람마다 많이 달라서 접속된 전생을 실제로 살았는지 아니면 무의식의 투사인지를 스스로 자신할 수 없는 데다가, 그 시기가 두 세대를 넘어가면 사실 여부를 확인하기가 더욱 어렵죠.

신비체험도 객관적으로 검증하기가 어려워요. 근사체험을 비롯해 신비체험을 한 사람들은 삶과 죽음을 전과는 다른 눈으로 보게 되면서 세속적인 욕망에서 많이 벗어나고 생명과 타인에 대한 연민과 사랑이 깊어지는 등, 조용하고도 심대한 변화가 일어난다고 해요. 그러면서도 세상의 기본적인 윤리나 현실에 대한 책임을 무시하거나 벗어나지 않죠. 신비체험자가 전하는 메시지의 진실성은 결국 삶을 살아가는 그의 태도를 보고 판단하게 되는 것 같아요.

채널링의 경우, 영적 존재의 메시지가 전달되는 통로인 채널러가 얼마나 자신의 자아를 비운 상태인지에 따라, 또 전달받은 영적인 상징을 해석하고 지상의 언어로 옮기는 능력이 어떤지에 따라 메시지의 내용이 달라지기 때문에, 채널링 기록을 읽을 때는 그런 점을 잘 헤아려야 하죠.

아마도 이런 이유로 의식 과학에는 포함되지 않은 것 같은데, 여기서 소개할 의식 탐구 작업들 역시 시간이 흘렀어도 진실을 접할 때의 깊은 감동을 여전히 불러일으키고 우리들이 자기 삶과 존재의 의미를 깨닫도록 안내해주죠.

공인된 최면요법가 마이클 뉴턴Michael Newton 박사는 내담자가 현실에서 겪는 문제를 해결하기 위해 최면요법으로 유아기의 기억으로 들어가게 했는데, 뜻밖에 유아기를 지나 그 이전의 삶과 삶 사이의 기억이나 전생의 기억을 자세히 전해 들어요. 거기다가 영혼의 마스터들이 전해주는 의식 세계에 관한 풍부한 정보와 메시지까지 내담자의 입을 통해 전달받게 되죠. 최면 상담 과정에서 이런 사례들을 계속 접하면서, 영혼의 세계나 환생에 대해 전혀 인정하지 않던 뉴턴 박사의 시각은 완전히 바뀌어요.

그때부터 'LBL Life Between Lives 최면요법'을 실시해서 물질과 정신, 육체와 영혼의 상관관계를 체계화하고, 이번 생에서 가까운 사람들은 어떤 이유로 인연 맺어진 것이며 삶에서 겪는 고통은 왜 오는 것인지, 또 지상에서의 삶이 끝나면 다음 삶을 얻기까지 사후세계에서 어떤 과정을 거치는지를 수십 년에 걸쳐 수집하고 정리해요.

『영혼들의 여행』, 『영혼들의 운명』 1~2, 『영혼들의 시간』에 그런 수많은 사례가 소개되어 있어요. 그리고 '마이클 뉴턴 연구소'의 최면요법가들이 자신들의 고국으로 돌아가 상담한 사례들을 모아 출간한 『영혼들의 기억』도 있어요.

정신약리학 분야를 선도하며, 마이애미대학의 종신교수이자 수많은 논문과 연구서를 펴내 정신의학 분야에서 국제적인 명성을 쌓은 브라이언 와이스 Brian Weiss 박사도 초자연적인 현상이나 영혼의 세계, 환생에는 전혀 관심이 없었어요.

그런데 캐서린이란 환자가 수개월에 걸친 최면치료를 받으며 86회

전생의 기억들에 들어간 이후로, 어떤 정신의학적 치료로도 차도를 보이지 않던 병세가 극적으로 호전된 걸 봐요. 게다가 최면 중에 캐서린은 다른 차원의 영적 존재로부터 메시지를 받아 전하기도 했는데, 그중엔 태어난 지 얼마 안 되어 죽은 박사의 아들에 대한 메시지도 있었어요.

와이스 박사는 수많은 탐색 끝에 "우리는 필요한 것을 모두 배울 때까지 환생을 거듭한다"는 걸 받아들여요. 그 결론에 이르는 과정을 기록한 책이 『나는 환생을 믿지 않았다』예요. 이 책은 전 세계에 전생 신드롬을 불러일으켰죠. 유튜브에서 브라이언 박사의 인터뷰 영상을 찾아보는 것도 환생을 이해하는 데 도움이 될 거예요.

'한 불가사의한 인간에 대한 비범한 기록 중 하나'로 평가받는 『지중해의 성자 다스칼로스』 1~3은, '스트로볼로스의 마법사'로 불리던 다스칼로스의 정체를 밝히려고 미국 메인대학 사회학 교수 키리아코스 마르키데스Kyriacos Markides가 10여 년간 그와 교류하며 직접 보고 들은 기적적인 일상과 가르침을 기록한 책이에요.

저자가 처음에 가졌던 의심은 결국 다 사라지고, 다스칼로스의 초자연적인 능력과 인간을 향한 무한한 사랑을 신뢰하고 존경하게 되죠. 다스칼로스는 말해요. "궁극적인 목표는 자신이 누구인가를 깨닫고 신과 합일해 신이 되는 것이다."

1912년에 키프로스에서 태어난 다스칼로스는 겉보기에는 공무원을 하다가 은퇴한 평범한 할아버지였지만, 병든 사람들의 몸과 마음을 아무런 대가 없이 한순간에 치유하는 신유가였고, 수시로 체외이 탈을 해서 의식 세계를 자유롭게 넘나드는 신비가였으며, 환생과 우 주의 비밀과 초월적인 사랑에 대해 가르침을 펼치고 영적 성장과 자 각을 위한 일에 평생을 바친 진정한 스승이었어요.

제인 로버츠Jane Roberts가 기록한 『세스 매트리얼』은 채널링 분야에 서 단연 독보적이에요. 제인 로버츠는 다양한 문학 창작 활동을 하던 1963년의 어느 날, 스스로를 '에너지 퍼스낼리티의 정수'라고 소개하 는 다른 차원의 존재인 '세스'와 교신하면서, 세상과 우주를 이루는 모든 법칙의 이유와 해답을 전하기 시작해요.

채널링은 채널러가 영적 존재로부터 메시지를 전달받는 현상인 데, 트랜스 상태에서 제인 로버츠의 입을 통해 전해지는 세스의 메시 지를 예술가인 남편 버츠가 받아 적었고, 이를 정리해 25권의 책으로 펴내요. 평생을 헌신한 여정이었죠.

세스의 사상과 지식을 담은 이 책들은 채널링의 고전이자 심리학 과 자기계발 분야의 고전이 되었는데요. 우리나라에서는 오래전에 절판되었던 『세스 매트리얼』을 2024년 '터닝페이지'에서 재출간했 고, 이어 2025년에 『존재하는 모든 것은 사라지지 않는다』라는 제목 으로 세스의 다른 채널링 기록이 번역 출간되었어요.

또 신뢰할 만한 채널링 기록들이 우리말로 번역 출간되어 있어요. 헬렌 슈크만Helen Schucman과 윌리엄 세트퍼드William Thetford에 의해 기 록된 『기적수업』, 게리 레너드Gary Leonard가 기록한 『우주가 사라지

다』, 『그대는 불멸의 존재다』, 『사랑은 아무도 잊지 않았으니』, 『예수와 붓다가 함께했던 시간들』 시리즈, 또 이름을 밝히지 않은 남아프리카공화국의 한 여성이 기록한 『그리스도의 편지』가 있어요.

우주와 존재의 감춰진 비밀들을 밝히기 위한 다양한 탐색들이 있지만 저희가 여기서 언급한 건 지극히 일부에 불과하고, 그마저도 저희 인식의 범위 안에서 이해할 수 있는 정도까지만 다뤘어요. 더 깊고 넓은 탐구와 연구는 독자 여러분의 몫으로 남깁니다.

부록 3

추천 영화와 다큐멘터리

영혼은 그대 곁에(1989/ 스티븐 스필버그 감독/ 리처드 드레이퍼스, 홀리 헌터 주연) —
  근사체험, 사후세계

사랑과 영혼(1990/ 제리 주커 감독/ 패트릭 스웨이지, 데미 무어, 우피 골드버그 주연) —
  근사체험, 영매

천국보다 아름다운(1998/ 빈센트 워드 감독/ 로빈 윌리엄스, 쿠바 구딩 주니어 주연) —
  사후세계

체리 향기(1998/ 압바스 키아로스타미 감독/ 호마윤 에르샤디, 압돌라흐만 바게리 주연) —
  자살

원더풀 라이프(2001, 2018/ 고레에다 히로카즈 감독/ 이우라 아라타, 오다 에리카 주연) —
  사후세계

드래곤플라이(2002/ 톰 섀디악 감독/ 캐빈 코스트너 주연) — 근사체험, 사후통신

고스트 위스퍼러(2005~2010/ 미국 CBS 드라마/ 제니퍼 러브 휴잇 주연) — 영매

도쿄 타워(2007/ 마츠오카 조지, 니시타니 히로시 감독/ 오다기리 조, 키키 키린 주연) —
  장례식

굿'바이(2008, 2023/ 타키타 요지로 감독/ 모토키 마사히로, 히로스에 료코 주연) —

아름다운 삶의 마무리, 장례식

베로니카, 죽기로 결심하다 (2009/ 에밀리 영 감독/ 세라 미셸 겔러 주연) — 자살

러블리 본즈 (2010/ 피터 잭슨 감독/ 시얼샤 로넌, 마크 월버그, 레이첼 와이즈, 스탠리 투치 주연) — 사후세계, 영매

우리 만난 적 있나요 (2010/ 임진평 감독/ 박재정, 이소희 주연) — 환생

히어애프터 (2011/ 클린트 이스트우드 감독/ 맷 데이먼, 세실 드 프랑스 주연) — 근사체험, 영매

심플 라이프 (2012/ 쉬안화 감독/ 류더화, 예더셴 주연) — 아름다운 삶의 마무리

엔딩 노트 (2012/ 다큐멘터리/ 마미 스나다 감독/ 고레에다 히로카즈 제작) — 아름다운 삶의 마무리

클라우드 아틀라스 (2013/ 워쇼스키 자매, 톰 티크베어 감독/ 톰 행크스, 할리 베리, 짐 브로드벤트, 짐 스터게스, 배두나, 휴고 위빙 출연) — 환생

스틸 라이프 (2014/ 우베르토 파솔리니 감독/ 에디 마산 주연) — 아름다운 삶의 마무리, 고독사

베일리 어게인 (2018/ 라세 할스트롬 감독/ 조시 게드 목소리) — 동물의 환생

인생 후르츠 (2018/ 다큐멘터리/ 후시하라 켄시 감독) — 아름다운 삶의 마무리, 장례식

무브 투 헤븐: 나는 유품정리사입니다 (2021/ 드라마/ 김성호 연출/ 이제훈, 탕준상, 홍승희 주연) — 고독사

서바이빙 데스 (2021/ 넷플릭스 다큐멘터리 시리즈) — 1화 임사체험/ 2화 영매 1부/ 3화 영매 2부/ 4화 사자의 신호/ 5화 망자를 보다/ 6화 환생

소울 (2021/ 디즈니 픽사/ 피트 닥터 감독, 공동각본) — 사후세계, 환생

오토라는 남자 (2023/ 마크 포스터 감독/ 톰 행크스 주연) — 자살

천국보다 아름다운 (2025/ 드라마/ 김석윤 연출/ 김혜자, 손석구, 한지민, 이정은, 천호진, 류덕환 출연) — 사후세계

죽음, 삶의 끝에서 만나는 질문

지은이 | 정현채 · 이현숙

초판 1쇄 발행일 2025년 9월 19일

발행인 | 한상준
편집 | 김민정 · 손지원 · 최정휴 · 김영범
마케팅 | 이상민 · 주영상
관리 | 양은진
디자인 | 양시호 · 한향림

발행처 | 비아북(ViaBook Publisher)
출판등록 | 제313-2007-218호(2007년 11월 2일)
주소 | 서울시 마포구 토정로 222 한국출판콘텐츠센터 211호
전화 | 02-334-6123 전자우편 | crm@viabook.kr
홈페이지 | viabook.kr

ⓒ 정현채 · 이현숙, 2025
ISBN 979-11-94348-33-7 03100

- 이 책은 저작권법에 따라 보호받는 저작물이므로 무단 전재와 복제를 금합니다.
- 이 책의 전부 혹은 일부를 이용하려면 저작권자와 비아북의 동의를 받아야 합니다.
- 잘못된 책은 구입처에서 바꿔드립니다.
- 본문에 사용된 종이는 한국건설생활환경시험연구원에서 인증받은, 인체에 해가 되지 않는 무형광 종이입니다. 동일 두께 대비 가벼워 편안한 독서 환경을 제공합니다.